Auf den Spuren von Erich Kästner

Matthias Gretzschel/Toma Babovic

Auf den Spuren von Erich Kästner

Ellert & Richter Verlag

Inhalt

Spätestens Mitte des 20. Jahrhunderts wurde es üblich, dass Kinder nicht mehr zu Hause, sondern in Kliniken zur Welt kommen. Das ist gewiss von Vorteil und hat zur Senkung der Säuglings- und Müttersterblichkeit geführt. Aber ein bisschen schade ist es trotzdem, denn die Abschaffung der Hausgeburten zog zwangsläufig auch die Abschaffung der Geburtshäuser nach sich. Das Hineintreten in die Welt ist damit anonymer geworden, es geschieht in der sterilen Atmosphäre eines Kreißsaals in einem Krankenhaus und ist später kaum mehr lokalisierbar. Wer sucht schon mit seinen Kindern die eigene Geburtsklinik auf und zeigt ihnen das Gebäude, in dem man selbst das Licht der Welt erblickt hat? Die meisten Menschen hätten wahrscheinlich Mühe, ihr Geburtshaus überhaupt zu finden. In früheren Generationen war das noch anders, da war das Haus, in dem das eigene Leben seinen Anfang nahm, ein vertrauter Ort.

Geburtshäuser erzählen Geschichten und führen uns zurück an den Ausgangspunkt eines Lebens. Häuser, in denen ein Prominenter geboren wurde, tragen Gedenktafeln und erinnern daran, dass auch bedeutende Menschen einmal schreiende Säuglinge gewesen sind. Wir stehen davor, lesen die Tafel und versuchen uns hineinzuversetzen in die Zeit, als der bedeutende Mensch in dem Haus geboren wurde, wie er Kind war und aufwuchs. Manchmal fällt es schon schwer, sich große Menschen als kleine Kinder vorzustellen. Manchmal ist es dagegen ganz leicht. Doch selten ist es so leicht und so schön wie auf der Königsbrücker Straße in der Dresdner Neustadt, wo der Dichter Erich Kästner zur Welt kam.

Es ist eine nicht allzu breite, dafür aber ziemlich laute Straße, auf der sich die Autos und die Straßenbahnen oft stauen. Die Königsbrücker Straße ist sich in mehr als hundert Jahren treu geblieben. Wenn man die Augen zusammenkneift und sich zurückträumt ins Jahr 1899, braucht man nur die grellen Reklameschilder an den Fassaden zu entfernen, die modernen Autos durch Pferde-

droschken zu ersetzen und die Passanten in die Kleider und Uniformen der Jahrhundertwende zu stecken – schon ist man dort angekommen, wo am 23. Februar 1899 frühmorgens Emil Erich Kästners Leben begann, in der Königsbrücker Straße 66, Mansardenwohnung.

Die Eltern, Vater Emil Kästner und Muter Ida, geborene Augustin, lebten schon seit 1895 in Dresden, wo sie gehofft hatten, ihr Glück zu machen. Viel ist daraus nicht geworden, jedenfalls nicht das große Glück vom sozialen Aufstieg, das sich Ida erhofft hatte. Emil Kästner war Sattlermeister in der sächsischen Kleinstadt Döbeln gewesen, ein solider und fleißiger Handwerker, aber kein besonders guter Geschäftsmann. Die eigene Sattlerei, die Emil nach der Heirat mit Ida 1892 eröffnet hatte, war jedenfalls schon drei Jahre später nicht mehr zu halten. Zu groß war die Konkurrenz der zu dieser Zeit wie Pilze aus dem Boden schießenden Fabriken, die Taschen und Koffer sehr viel billiger anbieten konnten, als es selbst der fleißigste Handwerker vermocht hätte. Statt Gewinn zu machen, häufte Kästner einen gewaltigen Schuldenberg an, das Geschäft konnte schließlich nur noch mit großem Verlust verkauft werden. Nun ging man also nach Dresden, um einen Neuanfang zu wagen. Die sächsische Residenz war zwar kein klassischer Industriestandort wie etwa Chemnitz, sondern

vor allem eine Kunst- und Beamtenstadt, aber Fabriken gab es hier auch. Tatsächlich fand Emil Kästner schon bald eine Anstellung in der Kofferfabrik Lippold in der Trinitatisstraße hinter dem Hauptbahnhof. Aus dem Handwerker war nun ein Industriearbeiter geworden, was ihn selbst wohl weniger störte als Ida, die das als sozialen Abstieg wertete. Tatsächlich war das Gehalt eines Arbeiters um die Wende vom 19. zum 20. Jahrhundert äußerst bescheiden, eine Familie davon zu ernähren, schien kaum möglich. Ida, die aus einer erfolgreichen Handwerkerfamilie kam, betrachtete die ärmlichen Verhältnisse zeitlebens als Makel und machte für diese Situation ihren Mann – ausgesprochen und unausgesprochen –

Die Mutter (links). Ida Kästner, geboren 1871, war die wichtigste Frau im Leben des Schriftstellers. Die Beziehung war außerordentlich eng, Mutter und Sohn schrieben sich fast täglich Briefe oder Karten.

Der Vater (rechts). Emil Kästner, geboren 1867, stand viel mehr im Hintergrund. Die Eltern führten keine glückliche Ehe, einig waren sie sich nur in der Liebe zu Erich, der wahrscheinlich aber das Kind des Hausarztes Emil Zimmermann gewesen ist.

verantwortlich. Aber sie beschränkte sich nicht aufs Klagen, sondern packte mit an und verdiente so viel dazu, wie nur irgend möglich war. Sie besorgte sich eine Nähmaschine und nähte in Heimarbeit Leibbinden, auch wenn damit nicht viel zu verdienen war.

In der Nacht vom 22. zum 23. Februar 1899 rannte Emil Kästner hastig die Treppen hinunter, um aus der Nachbarschaft Frau Schröder zu holen. Die Hebamme hatte sich schon bereitgehalten und machte sich nun eilig zur Königsbrücker Straße 66 auf, wo sie, etwas außer Atem, im vierten Stock eintraf, immer noch rechtzeitig, um Ida bei der Entbindung ebenso energisch wie tatkräftig zu unterstützen. In dieser Nacht kam es zur alles entscheidenden Wendung im Leben der Kästners. Der kleine Erich, der – wir er später selbst schreibt – um vier Uhr morgens (oder vielleicht doch schon „vormittags um ein viertel drei", wie es der Standesbe-

Das Geburtshaus. Am Eingang des Hauses Königsbrücker Straße 66 befindet sich eine Gedenktafel. In der Dachwohnung kam Erich Kästner am 23. Februar 1899 zur Welt. Er selbst hatte aber keine Erinnerungen an dieses Haus, denn die Familie zog wenig später in die Nummer 48 um, diesmal in den dritten Stock.

amte protokollierte) in der engen Dresdner Gründerzeitwohnung zum ersten Mal Luft holte und kräftig schrie, machte aus dem recht unglücklich, mehr nebeneinander als miteinander lebenden Ehepaar eine berühmte Familie. Auch wenn der leibliche Vater sehr wahrscheinlich gar nicht Emil Kästner, sondern Dr. med. Emil Zimmermann gewesen ist, der Hausarzt der Familie. Kein Zweifel besteht jedoch daran, dass die Königsbrücker Straße – ohne dass das jemand hätte ahnen können – nun zum Schauplatz der Literatur wurde.

„Das ist aber ein hübsches Kind!", soll Frau Schröder, die ja vermutlich beinahe täglich hübsche Säuglinge zu sehen bekam, anerkennend gesagt haben. Vielleicht war das pure Höflichkeit, vielleicht aber auch ernst gemeint. Das erste Bild, das von Erich Kästner überliefert wurde, zeigt tatsächlich ein süßes Baby mit Locken, das in einem weißen Kleidchen auf einem Eisbärenfell thront. Kästner selbst hat das Foto später verwundert in der Hand gehalten, sich über den Kopf gestrichen und dazu notiert: „Nun ja, die blonden Locken hielten nicht sehr lange vor. Aber ich besitze heute noch eine angegilbte Fotografie aus meinen ersten Lebenstagen, die den künftigen Verfasser bekannter und beliebter Bücher im kurzen Hemd auf einem Eisbärenfell zeigt, und auf den Kinderkopf ringeln sich tatsächlich seidefeine, hellblonde Locken! Da nun Fotografien nicht lügen können, dürfte der Beweis einwandfrei

erbracht sein. Andererseits – ist euch schon aufgefallen, daß alle Leute, samt und sonders und ohne jede Ausnahme, auf ihren Fotos viel zu große Ohren haben? Viel, viel größere Ohren als in Wirklichkeit? So groß, daß man glauben möchte, sie könnten sich nachts damit zudecken? Sollten Fotografien also doch gelegentlich schwindeln?"

Dass Fotografien in jenem unheilvollen 20. Jahrhundert, in das Erich Kästner gerade hineingeboren wurde, tatsächlich nicht nur schwindeln, sondern regelrecht lügen konnten, wird dem Dichter später sicher bewusst geworden sein. Aber seine Locken waren ohne Zweifel echt und die Ohren, die auf dem Bild keineswegs besonders groß erscheinen, waren es auch. Das Zitat stammt übrigens aus einem Buch, aus dem wir noch öfter zitieren werden, aus einer Publikation, die man als wahren Glücksfall bezeichnen kann. Denn ohne seine Schilderungen in dem 1957 erstmals erschienenen Bändchen mit dem Titel „Als ich ein kleiner Junge war" wüssten wir viel, viel weniger aus Kästners Dresdner Kindheit.

Am Eingang des gründerzeitlichen Mietshauses, Königsbrücker Straße 66, wurde – wie es sich für das Geburtshaus eines bedeutenden Dichters gehört – eine Gedenktafel angebracht. Aber Kästner selbst hatte keine Erinnerungen an dieses Haus, denn schon 1901 zog die kleine Familie ein paar Nummern weiter in die 48. Und eigentlich müsste hier – und vor allem hier – eine Gedenktafel hängen, denn das ist das Haus, in dem der Dichter zehn Jahre lang gelebt hat, bevor die Familie ein

Auf diesem ersten Foto, das Erich Kästner im Alter von sechs Monaten auf einem Eisbärenfell zeigt, hat er Locken und – wie er selber fand – viel zu große Ohren.

1. August 1914, dem Beginn des Ersten Weltkriegs, an dem der Niedergang von Kästners Kindheitswelt besiegelt wurde. Die familiäre Situation war schwierig, das Geld ewig knapp, die Ehe der Eltern zerrüttet. Der Vater war oft verbittert, die Mutter verschwand mitunter, drohte mit Selbstmord und versetzte ihren über alles geliebten Sohn in Todesängste. Nein, eigentlich war es ganz und gar keine glückliche und geborgene Kindheit, und doch gab es viele wunderbare Momente, die später zu kostbaren Erinnerungen wurden und den Dichter sein Leben lang begleitet haben.

„Wenn es zutreffen sollte, daß ich nicht nur weiß, was schlimm und häßlich, sondern auch, was schön ist, so verdanke ich diese Gabe dem Glück, in Dresden aufgewachsen zu sein. Ich mußte, was schön sei, nicht erst aus Büchern lesen. Nicht in der Schule, und nicht auf der Universität. Ich durfte die Schönheit einatmen wie Försterkinder die Waldluft", schrieb Kästner in seinen Kindheitserinnerungen, in denen er auch erzählt, wie er die berühmten Bauwerke seiner Stadt kennengelernt hat.

Es gehört zu den Besonderheiten Dresdens, dass schon seit dem späten 19. Jahrhundert nicht nur die Angehörigen des Bildungsbürgertums, sondern durchaus auch Arbeiterfamilien ihren Kindern die Baudenkmäler ihrer Stadt zeigen, erklären und deren Geschichte erzählen. Dresdner Kinder wachsen mit Geschichten auf von August dem Starken und seiner schönen und unglücklichen Geliebten Gräfin Cosel, Geschichten vom korrupten und unglaublich reichen Grafen Brühl und dem kleinwüchsigen und ebenso mutigen wie witzigen Hofnarren Fröhlich. Und so ist es nicht verwunderlich, dass Ida und manchmal auch Emil Kästner den kleinen Erich an die Hand nahmen und mit ihm die Königsbrücker Straße entlang bis zum Albertplatz liefen, dann die Hauptstraße bis zum Neustädter Markt gingen und ihm den „Goldenen Reiter" von Ludwig Wiedemann zeigten, das vergoldete Reiterstandbild Augusts des Starken. Dann überquerten sie die Augustusbrücke und liefen

weiteres Mal, diesmal in die Nummer 38, umzog. Zeitlebens konnte er sich sehr genau an viele Einzelheiten erinnern. Sehen wir uns einmal an, was Kästner über die Straße seiner Kindheit geschrieben hat:

„Je mehr sich die Königsbrücker Straße von der Elbe entfernte, um so unfeierlicher und unherrschaftlicher geriet sie. Die Vorgärten wurden seltener und schmäler. Die Häuser waren höher, meistens vierstöckig, und die Mieten waren billiger. Es kam das ‚Volkswohl‘, ein gemeinnütziges Unternehmen, mit der Volksküche, der Volksbücherei und einem Spielplatz, der im Winter in eine Eisbahn verwandelt wurde. Es kamen Konsumverein, Bäckereien, Fleischereien, Gemüseläden, kleine Kneipen, eine Fahrradhandlung, zwei Papierläden, ein Uhrengeschäft, ein Schuhge-

1911 zog die Familie in dieses stattliche Jugendstilhaus mit der Nummer 38. Das Gebäude steht heute unter Denkmalschutz. 1958 schrieb Kästner in einem Brief an eine Dresdner Bekannte: „So geht alles langsam dahin. Nicht einmal die Königsbrücker Straße durfte ihren Namen behalten. Aber man kann's leider nicht ändern." Zu DDR-Zeiten trug Kästners Kindheitsstraße den Namen des SED-Politikers Otto Buchwitz. Nach der Wende erhielt sie ihre alte Bezeichnung zurück.

schäft und der Görlitzer Wareneinkaufsverein. In diesem Viertel lagen die drei Häuser meiner Kindheit. Mit den Hausnummern 66, 48 und 38. Geboren wurde ich in einer vierten Etage. In der 48 wohnten wir im dritten und in der 38 im zweiten Stock. Wir zogen tiefer, weil es mit uns bergauf ging. Wir näherten uns den Häusern mit den Vorgärten, ohne sie je zu erreichen."

Von Kästners Wohnung bis zur Dreikönigskirche läuft man nicht mehr als zehn Minuten. Der kleine Erich wurde hier, in der prächtigen barocken Pfarrkirche der Neustadt, von Pfarrer Winter getauft. Wie es sich gehörte, ging er dort später auch in den Kindergottesdienst, er wurde sogar Kindergottesdiensthelfer, erzählte also anderen Kindern biblische Geschichten. Am Palmsonntag des Jahres 1913, ein gutes Jahr vor Beginn des Ersten Weltkriegs, konfirmierte ihn derselbe Pfarrer Winter vor dem prächtigen Barockaltar, für den der Dresdner Barockbildhauer Benjamin Thomae (1682–1751) das eindrucksvolle Relief von den klugen und den törichten Jungfrauen geschaffen hatte. Kästner erinnerte sich später noch an den Pfarrer und die Kirche, aber weder Kindergottesdienst noch Konfirmandenunterricht haben ihn nachhaltig beeindruckt. Er wurde kein Kirchgänger und als Christ hat er sich auch nicht gefühlt.

War es eine glückliche Kindheit? Der Dichter hat sich später jedenfalls gern an seine ersten anderthalb Lebensjahrzehnte erinnert, an die Zeit bis zum an der Katholischen Hofkirche und dem Schloss vorbei zum Zwinger, jenem „Festsaal im Freien", dessen Fassaden über und über mit fantastischen Figuren, mit Putten, Göttern und Masken, Früchten und Ornamenten überzogen sind. Natürlich kannte der kleine Erich George Bährs (1666–1738) Frauenkirche nicht nur von außen, er erlebte als Chorsänger auch den turmartigen Innenraum, der sich mit seinen umlaufenden Emporen himmelwärts wölbt. An den Sonntagen ging er mit der Mutter in den Großen Garten, wo sie auf dem Carolasee Ruderboote ausleihen konnten. „Gondeln gehen" sagten die Dresdner damals und sagen sie noch heute. Und natürlich ist Erich damals auch mit den Seitenraddampfern der „Sächsisch-Böhmischen Dampfschiffahrt" auf der Elbe gefahren – stromaufwärts bis in die Sächsische Schweiz, stromabwärts bis in die alte Bischofsstadt Meißen.

„Als ich ein kleiner Junge war und mein Vater, an einem hellen Sommerabend, mit mir zum Waldschlößchen spazierte, weil es dort ein Kasperltheater gab, das ich innig liebte, machte er plötzlich halt und sagte: ‚Hier stand früher ein Gasthaus. Das hatte einen seltsamen Namen. Es hieß Zur stillen Musik!' Ich blickte ihn verwundert an. ‚Zur stillen Musik?' Das war wirklich und wahrhaftig ein seltsamer Name! Er klang so merkwürdig und so heiter verwunschen, daß ich ihn nicht mehr vergessen konnte. Ich dachte damals: ‚Entweder macht man in einem Gasthaus Musik, oder es ist still. Aber eine stille Musik, die gibt es nicht.' Wenn ich später an der gleichen Stelle stehenblieb und auf die Stadt hinabschaute, zum Wielisch und zur Babisnauer Pappel hinüber und elbaufwärts bis zur Festung Königstein,

Der Barockaltar von Benjamin Thomae (1682–1751) in der Dreikönigskirche, der Pfarrkirche der Dresdner Neustadt, zeigt bis heute die Spuren der Zerstörungen des Krieges. Hier wurde Erich Kästner getauft.

dann verstand ich, von Jahr zu Jahr, den Gastwirt, der ja längst tot und dessen Gasthaus verschwunden war, immer besser. Ein Philosoph, das wußte ich damals schon, hatte die Architektur, die Dome und Paläste, ‚gefrorene Musik' genannt. Dieser sächsische Philosoph war eigentlich ein Dichter. Und ein Gastwirt hatte, auf den silbernen Fluß und das goldene Dresden blickend, sein Gasthaus ‚Zur stillen Musik' getauft. Nun, auch mein sächsischer Gastwirt war wohl eigentlich ein Dichter gewesen", schrieb Kästner, der sich dieses Bild vom Waldschlösschen elbabwärts auf den silbernen Fluss und die goldene Stadt zeitlebens bewahrt hat.

Aber kehren wir wieder zurück in die Neustadt, in das gründerzeitliche Wohnviertel zwischen Königsbrücker Straße, Bischofsweg, Alaunstraße und Albertplatz. Vor allem in diesem Quartier, das in der zweiten Hälfte des 19. Jahrhunderts erbaut wurde, als sich Dresden anschickte, zur Großstadt zu werden, hat sich die Kindheit des Dichters Erich Kästner abgespielt.

Emil Kästner war ein stiller, freundlicher Mann, der den kleinen Erich über alles liebte, trotzdem aber meistens still im Hintergrund blieb. Geduldig ertrug er sein Schicksal und auch die Tatsache, dass ihn seine Frau nicht liebte, wenn nicht gar verachtete. „Der Geduldsfaden riß ihm in seinem geduldigen Leben nur ganz, ganz selten. Er war stets ein Meister des Handwerks und fast immer ein Meister des Lächelns", schrieb der Dichter über den Vater, zu

dem er erst sehr spät ein wirklich herzliches Verhältnis fand.

Dagegen war Ida Kästner der wichtigste Mensch in seinem Leben – und sie blieb es bis zu ihrem Tod. „Ida Kästner wollte die vollkommene Mutter ihres Jungen werden. Und weil sie das werden wollte, nahm sie auf niemanden Rücksicht, auch auf sich selbst nicht, und wurde die vollkommene Mutter. All ihre Liebe und Phantasie, ihren ganzen Fleiß, jede Minute und jeden Gedanken, ihre gesamte Existenz setzte sie, fanatisch wie ein besessener Spieler, auf eine einzige Karte, auf mich. Ihr Einsatz hieß: ihr Leben, mit Haut und Haar", schrieb Kästner über seine Mutter, die so intensiv wie kein anderer Mensch an seinem Leben teilhaben sollte. Mit ihr ging Erich Kästner schon als Kind ins Theater, ins nahe gelegene Alberttheater, später auch ins 1913 eingeweihte, hochmoderne Schauspielhaus und in die Oper, die damals noch nicht Semper-, sondern Hofoper genannt wurde. Mit der Mutter erkundete der kleine Erich die Stadt und ihre Umgebung, mit ihr reiste er oft tagelang zum Wandern in die Sächsische Schweiz oder ins Erzgebirge.

Da die Nähmaschine, mit der Ida Kästner die Leibbinden fertigte, das kleine Kind im Schlaf stören könnte, gab die Mutter diese Nebenbeschäftigung auf und räumte dafür lieber ein Zimmer aus, das sich vermieten ließ. Zu dieser Zeit lebte die Familie bereits in der Nummer 48. An der Haustür wurde ein Schild mit der folgenden Aufschrift angebracht: „Schönes sonniges Zimmer mit Frühstück ab sofort zu vermieten. Näheres bei Kästner, 3. Etage".

Die Mieter waren, wie sich zeigte, ausnahmslos Lehrer. Und das war der Mutter sehr recht, denn sie schätzte das Bildungsmilieu, das den kleinen Erich prägen sollte – und genau das trat dann auch ein. Nach dem immer gut aufgelegten Volksschullehrer Franke, der einige Jahre bei den Kästners wohnte, kam eine Französischlehrerin aus Genf. Als sie ein uneheliches Kind erwartete, zog sie weg, ihr Nachfolger war wieder ein Lehrer: Paul Schurig, der mehrere Jahre lang blieb. „Ich wuchs also mit Lehrern auf. Ich lernte sie nicht erst in der Schule kennen. Ich hatte sie zu Hause. Ich sah die blauen Schulhefte und die rote Korrekturtinte, lange bevor ich selber schreiben und Fehler machen konnte. Blaue Berge von Diktatheften, Rechenheften und Aufsatzheften. Vor Michaelis und Ostern braune Berge von Zensurheften. Und immer und überall Lesebücher, Lehrbücher, Lehrerzeitschriften, Zeitschriften für Pädagogik, Psychologie, Heimatkunde und sächsische Geschichte. Wenn Herr Schurig nicht daheim war, schlich ich mich in sein Zimmer, setzte mich aufs grüne Sofa und starrte, ängstlich und hingerissen zugleich, auf die Landschaft aus bedrucktem und beschriebenem Papier", erinnert sich Erich Kästner.

Bücher gab es nun viel mehr, als man in einem Arbeiterhaushalt vermuten würde. Klar, dass Erich unendlich viel las – von den „Bunten Bildern aus dem Sachsenland" bis zu Daniel Defoes „Robinson Crusoe" – und dass er auf die Frage, was er einmal werden wolle, selbstverständlich nur eine Antwort wusste: Lehrer.

Ein typisches Kinderporträt der Kaiserzeit: Erich Kästner als Dreijähriger. Er posierte nicht nur als Musterknabe, er war es tatsächlich.

Aber Erich war kein vergeistigtes Kind, sondern ein ganz normaler Junge, der mit anderen Kindern auf den Straßen und in den Hinterhöfen der Neustadt spielte und seine Zinnsoldaten auf der Holztreppe des elterlichen Mietshauses aufmarschieren ließ. Richtige Soldaten sah Erich damals auch aufmarschieren, die Gardereiter, die Großenhainer und die Bautzener Husaren zum Beispiel, deren bunte Uniformen der kleine Junge grenzenlos bewunderte. Was er zu den Paraden, die anlässlich des Geburtstags des Königs stattfanden, zu sehen bekam, war nicht kriegerisch, sondern operettenhaft, nicht ernst, sondern heiter – und hatte mit der Wirklichkeit schon damals wenig zu tun. „Die Trompeten schmetterten. Die Schellenbäume klingelten. Und die Pauker schlugen auf ihre Kesselpauken, daß es nur so dröhnte. Diese Paraden waren die prächtigsten und teuersten Revuen und Operetten, die ich in meinem Leben gesehen habe."

Seine Kindheit erlebte Kästner in einer Zeit, als es noch Kaiser und Könige gab. Für einen Dresdner Jungen war es damals zwar aufregend, aber keineswegs ungewöhnlich, dem sächsischen König auf der Straße zu begegnen. Man wusste, wo er wohnte – nämlich im Georgentor des Dresdner Residenzschlosses – und man kannte seine Lebenssituation recht genau. In den Kindheitserinnerungen heißt es dazu: „Der Monarch, dessen Geburtstage so bunt und laut gefeiert wurden, hieß

Friedrich August. Und er war der letzte sächsische König. Doch das wußte er damals noch nicht. Manchmal fuhr er mit seinen Kindern durch die Residenzstadt. Neben dem Kutscher saß, mit verschränkten Armen und einem schillernden Federhut, der Leibjäger. Und aus dem offenen Wagen winkten die kleinen Prinzen und Prinzessinnen uns anderen Kindern zu. Der König winkte auch. Und er lächelte freundlich. Wir winkten zurück und bedauerten ihn ein bißchen. Denn wir und alle Welt wußten ja, daß ihm seine Frau, die Königin von Sachsen, davongelaufen war."

Erich Kästner war erst drei Jahre alt gewesen, als die sächsische Kronprinzessin Luise von Toscana 1902 aus Dresden floh – allerdings nicht – wie in den Kindheitserinnerungen nachzulesen ist – „mit Signore Toselli, einem italienischen Geiger", sondern mit dem belgischen Hauslehrer André Giron. Mit dem Komponisten Enrico Toselli (1883–1926) war sie erst später für kurze Zeit verheiratet. Selbstverständlich sprach man auch im Hause Kästner über diese Affäre, die der Beliebtheit der Kronprinzessin in der Dresdner Bevölkerung keinerlei Abbruch tat. Die Dresdner wussten oder meinten zu wissen, dass nicht die Affäre den Ausschlag für die Flucht gegeben hatte, sondern vor allem Intrigen am Hof, hinter denen die sehr unbeliebte ältliche Prinzessin Mathilde und der Innenminister Karl Georg Levin von Metzsch-Reichenbach standen.

Kästner beschreibt den letzten sächsischen König als traurigen und einsamen Mann, mit dem man Mitleid haben musste. Wahrscheinlich hatte er seine Schilderung selbst erlebt, wonach der Monarch vor allem in der Weihnachtszeit ganz allein auf der Prager Straße spazieren ging und dort vor den prächtig ausstaffierten Schaufenstern stehen blieb. „Es schneite. In den Läden glitzerten die Christbäume. Die Passanten stießen sich an, flüsterten: ‚der König!' und gingen eilig weiter, um ihn nicht zu stören. Er liebte seine Kinder. Und deshalb liebte ihn die Bevölkerung. Wenn er in die Fleischerei Rarisch hineingegangen wäre und zu einer der Verkäuferinnen gesagt hätte: ‚Ein Paar heiße Altdeutsche, mit viel Senf, zum Gleichessen!‘, wäre sie bestimmt nicht in die Knie gesunken, und sie hätte sicher nicht geantwortet: ‚Es ist uns eine hohe Ehre, Majestät!‘ Sie hätte nur gefragt: ‚Mit oder ohne Semmel?‘“

Auch Erich Kästner liebte die prächtigen Schaufenster der Spielzeugläden auf der Prager Straße oder auf der Schloßstraße, wo die Nürnberger Zinnsoldaten in Schlachtformation aufgestellt waren. Natürlich ging er gern mit der Mutter auf den Striezelmarkt, den berühmten Dresdner Weihnachtsmarkt, den ältesten in Deutschland. Striezel ist eine altertümliche Bezeichnung für den berühmten Dresdner Christstollen, der selbstverständlich zum Angebot gehörte – ebenso wie Holzspielzeug aus dem Erzgebirge, Räuchermänner und Nussknacker, Leuchterengel oder ganze Paraden von hölzernen Bergleuten. Ganz bestimmt wird Ida Kästner, wenn sie zwischen den Buden, die auf dem Altmarkt in Reih und Glied standen, hindurchschlenderte, ihrem Erich einen Pflaumentoffel gekauft haben. Der Glücksbringer in Gestalt eines Schornsteinfegers mit Leiter besteht aus Backpflaumen, die auf Holzstäbe aufgezogen sind.

Friedrich August III. (1865–1932) im Kreise seiner sechs Kinder. Als Kind bemitleidete Kästner ihn, denn wie alle Dresdner wusste er, dass ihn seine Frau, die schöne Luise von Toscana, Hals über Kopf verlassen hatte.

So sehr Erich Kästner das vorweihnachtlich glänzende Dresden geliebt hat, so sehr fürchtete er sich vor dem Moment, den alle anderen Kinder am meisten herbeisehnten: die Bescherung zu Heiligabend. Ausgerechnet die Beschreibung des Heiligabends ist die erschütterndste Stelle in den Kindheitserinnerungen, und sie wirft über das Ereignis hinaus ein sehr trauriges Licht auf die Situation, in der der Dichter heranwuchs.

24. Dezember, Königsbrücker Straße 48, drittes Stockwerk: Es ist dunkel geworden, auf der Straße liegt Schnee. Die Christvesper in der Dreikönigskirche ist längst vorbei. Ein kleiner Junge sitzt in der Küche, wartet und hat Angst. Es ist nicht die Angst vor dem Weihnachtsmann mit der Rute, den gibt es bei den Kästners nicht. Es ist die Angst davor, die Eltern zu enttäuschen. Als Erwachsener wird er über die traurigen Weihnachtsabende Folgendes schreiben:

„Meine Eltern waren, aus Liebe zu mir, aufeinander eifersüchtig. Sie suchten es zu verbergen, und oft gelang es ihnen. Doch am schönsten Tag im Jahr gelang es ihnen nicht. Sie nahmen sich sonst, meinetwegen, so gut zusammen, wie sie konnten, doch am Heiligabend konnten sie es nicht sehr gut. Es ging über ihre Kraft. Ich wußte das alles und mußte, uns dreien zuliebe, so tun, als wisse ich's nicht.“

Beide Eltern hatten sich wochenlang um die schönsten Geschenke bemüht. Der Vater bastelte wundervolles Spiel-

zeug, die Mutter kaufte von dem knappen Geld, das sie inzwischen als selbstständige Friseuse verdiente, all jene Dinge, die Erich sich sehnlich wünschte. Aber jetzt, als die Mutter nach ihm rief, war der kleine Junge aufs Äußerste angespannt, denn er musste nun seine Überraschung und sein Glück exakt halbieren, haargenau aufteilen, Vater und Mutter – die seine Reaktionen argwöhnisch überwachten – zufriedenstellen. Er durfte sich ja nicht über ein Geschenk des einen mehr freuen als über eines des anderen.

„Wie selig wär ich gewesen, und was für ein glückliches Kind! Doch ich mußte meine Rolle spielen, damit das Weihnachtsstück gut ausgehe. Ich war ein Diplomat, erwachsener als meine Eltern, und hatte dafür Sorge zu tragen, daß unsre feierliche Dreierkonferenz unterm Christbaum ohne Mißklang verlief. Ich war, schon mit fünf und sechs Jahren und später erst recht, der Zeremonienmeister des Heiligen Abends und entledigte mich der schweren Aufgabe mit großem Geschick. Und mit zitterndem Herzen.“

Dass der Ranzen, mit dem Erich 1906 zum ersten Mal zur Schule ging, in solider Handarbeit von Emil Kästner angefertigt worden war, versteht sich beinahe von selbst. Ausgerechnet zum Schulanfang, der in Dresden schon immer als

Dieses Gemälde von Adolph Michalsky, um 1911, zeigt das berühmte Panorama der sächsischen Residenz so, wie es der Dichter als Kind erlebt hat.

großes familiäres Ereignis gefeiert wurde, passierte Erich ein Missgeschick: Gerade als er seine riesige Zuckertüte, die dem Siebenjährigen bis zur Nasenspitze reichte, dem freundlichen Fräulein Haubold vorführen wollte, die im Erdgeschoss des Elternhauses eine Färberei betrieb, brach die Tütenspitze ab, und Pralinen, Bonbons, Törtchen, Waffeln und goldene Marienkäfer regneten auf den Fußboden herab.

Der Schulweg führte Erich die Königsbrücker Straße entlang bis zum Albertplatz, wo er links in die Bautzner Straße einbog, um gleich darauf rechts in die Glacisstraße einzuschwenken, von der die Tieckstraße links abzweigte. Hier stand das Gebäude der IV. Bürgerschule, das Kästner in seinen Kindheitserinnerungen als düster und unfreundlich, als „Kinderkaserne" beschreibt.

Die Schulmethoden, den Drill und die Erziehung zum sturen Gehorsam, zum Untertanengeist sowie die damals übliche Prügelstrafe hat Kästner immer wieder kritisiert, dennoch verband er mit seiner Schulzeit auch viele positive Erinnerungen. Kein Wunder also, dass die Schule in seinen Kinderbüchern wie etwa in dem 1933 erschienenen „Fliegenden Klassenzimmer" durchaus nicht als abschreckende „Kinderkaserne" geschildert wird. Kästner, ein Musterschüler, war unterfordert und hatte

wechseln konnte, denn das dafür notwendige Schulgeld hätten die Eltern beim besten Willen nicht aufbringen können.

Wer nach weiteren Spuren von Erich Kästners Kindheit in Dresden sucht, sollte auf folgendes Haus auf keinen Fall verzichten: Es ist eine Villa, die noch heute am Albertplatz steht, ein herrschaftliches Anwesen mit einem hübschen Garten. Das Haus, dessen Anschrift damals wie heute Antonstraße 1 lautet, gehörte Erichs Onkel Franz Augustin, einem reich gewordenen Fleischer und Pferdehändler. Die Familie Kästner ist hier oft zu Gast gewesen. Manchmal war Erich auch allein in der Villa, weil die reichen Verwandten außer Haus zu tun hatten. Über diese besonders glücklichen Kindheitsmomente schreibt er später:

„Und so gehörten Haus und Garten mir. Am liebsten hockte ich dann auf der Gartenmauer und schaute dem Leben und Treiben auf dem Albertplatz zu. Die Straßenbahnen, die nach der Altstadt, nach dem Weißen Hirsch, nach dem Neustädter Bahnhof und nach Klotzsche und Hellerau fuhren, hielten dicht vor meinen Augen, als täten sie's mir zuliebe. Hunderte von Menschen stiegen ein und aus und um, damit ich etwas zu sehen hätte. Lastwagen, Kutschen, Autos und Fußgänger taten für mich, was sie konnten. Die zwei Springbrunnen zeigten ihre Wasserkünste. Die Feuerwehr ratterte, mit ihrem Hornsignal und glockenläutend, vorbei. Schwitzende Grenadiere kehrten, singend und im Gleichschritt, von einer Übung in die Kaserne zurück. Eine königliche Equipage rollte vornehm übers Pflaster. Eisverkäufer in weißer Uniform verkauften an der Ecke Waffeln für fünf und zehn Pfennige. Ein Bierwagen verlor ein Hektoliterfass, und die Neugierigen kamen gelaufen. Der Albertplatz war die Bühne. Ich saß, zwischen Jasmin und Bäumen, in der Loge und konnte mich nicht satt sehen."

Dort sitzt und staunt der kleine Junge noch heute – als Bronzefigur, die der ungarische Künstler Máthyás Varga 1999, zum 100. Geburtstag des Dichters, geschaffen hat. In der vornehmen Villa Augustin befindet sich inzwischen das Erich Kästner Museum. Das hätte sich der Dichter zu Lebzeiten nie träumen lassen, und ein bisschen schade ist

daher zu Beginn Disziplinschwierigkeiten. Aber er lernte gern und schnell, und dass er später selbst Lehrer werden wollte, stand außer Frage. Ebenso selbstverständlich war es aber auch, dass er nach den ersten vier Schuljahren nicht auf eine der höheren Schulen

es schon, dass nach dem Tod der Mutter fast ein halbes Jahrhundert vergehen musste, bis das Museum im Jahr 2000 eröffnet wurde. Ganz sicher hätte Ida Kästner es sehr genossen und wäre unglaublich stolz gewesen, wenn sie noch erfahren hätte, dass aus der Villa ihres reichen Bruders Franz ein Museum für ihren berühmten Sohn Erich geworden ist.

Der „patentierte Musterknabe", wie er sich selbst genannt hat. Kästner, hier acht Jahre alt, hatte zwar anfangs Disziplinschwierigkeiten in der Schule, weil er unterfordert war, brachte aber fast nur Bestnoten nach Hause. Schließlich wollte er die Mutter keinesfalls enttäuschen.

„Wenn es zutreffen sollte, daß ich nicht nur weiß, was schlimm und häßlich, sondern auch, was schön ist, so verdanke ich diese Gabe dem Glück, in Dresden aufgewachsen zu sein. Ich durfte die Schönheit einatmen wie Försterkinder die Waldluft", schrieb Erich Kästner. Unser Foto zeigt die Brühlsche Terrasse mit der Kunstakademie, dem neobarocken Schlösschen Secundo Genitur, dem Ständehaus, der Katholischen Hofkirche und der Semperoper (von links).

Mutter und Vater nahmen
Erich Kästner an die Hand
und zeigten und erklärten
ihm schon als kleines Kind
die Sehenswürdigkeiten
Dresdens. Selbstverständlich
war ihm die grandiose
Architektur des Zwingers
wohlvertraut. Dieser „Festsaal im Freien" wurde zu
Beginn des 18. Jahrhunderts
von dem Architekten
Matthäus Daniel Pöppel-
mann im Auftrag von
August dem Starken
(1670–1733) erbaut.

Ein Blick durch die Rähnitz-
gasse auf den Turm der Dreikönigskirche. Die barocken
Bürgerhäuser der Inneren
Neustadt haben den Bom-
benangriff vom 13. Februar
1945 zum großen Teil unbeschadet überstanden. Die
Dreikönigskirche wurde
dagegen zerstört und erst in
den 1980er Jahren wieder
aufgebaut. Hier ist Kästner
getauft und später auch konfirmiert worden.

In einem der Kavaliershäuschen (rechts), die das ba-
rocke Palais im Großen Garten flankieren, hätte Erich
Kästner gern gewohnt. Vielleicht wusste er, dass sein
berühmter Künstlerkollege,
der Maler Oskar Kokoschka,
dieses Privileg nach dem
Ersten Weltkrieg einige Jahre
genießen konnte.

Als Kind wanderte Erich Kästner oft am Ufer der Elbe von der Neustadt bis nach Loschwitz und bewunderte dabei die drei prächtigen Elbschlösser: Schloss Albrechtsberg, das Lingner-Schloss und Schloss Eckberg (von links). Seit 1994 verleiht der Presseclub Dresden in Schloss Albrechtsberg den Erich Kästner-Preis an eine Persönlichkeit, die „durch ihr Wirken in Politik, Wirtschaft, Kultur oder einem anderen Bereich des öffentlichen Lebens Maßstäbe gesetzt" hat. Zu den Preisträgern gehörten bisher unter anderem der einstige Vorsitzende des Zentralrats der Juden in Deutschland, Ignatz Bubis, die Journalistin und Herausgeberin der ZEIT Marion Gräfin Dönhoff, der Dresdner Denkmalpfleger Hans Nadler sowie der ehemalige Bundespräsident Richard von Weizsäcker und Hans-Dietrich Genscher, der von 1974 bis 1992 (fast ununterbrochen) Außenminister der Bundesrepublik Deutschland war.

Der „patentierte Musterknabe", wie Erich Kästner sich mit leichter Selbstironie später charakterisiert, war zwar ein Musterschüler, Abitur konnte er aber als armer Leute Kind trotzdem nicht machen. Die einzige Chance zu etwas höherer Bildung bot die Laufbahn als Volksschullehrer. Lehrer wollte er ja schon immer werden und nachdem er die Aufnahmeprüfung bestanden und die Präparande, eine Übergangsklasse, absolviert hatte, trat er 1913 in das Freiherrlich von Fletchersche Lehrerseminar ein. Damit blieb Kästner der Neustadt treu, denn das von Ecktürmen flankierte stattliche Gebäude befand sich bis zu seiner Zerstörung 1945 an der Marienallee 5. Weit hatte er nicht zu laufen, um das im Kasernenviertel der Albertstadt gelegene Institut zu erreichen.

Erich trug nun Anzug, Krawatte und Mütze und sah, wie die Mutter fand, beinahe wie ein Student aus. Doch die

Erfahrungen, die der Internatsschüler nun machte, waren ernüchternd, sie erinnerten ihn eher an eine Kaserne als an eine Universität. In dem 1946 verfassten Text „Zur Entstehungsgeschichte des Lehrers" heißt es: „Das Seminar war eine Lehrerkaserne. So war es nur folgerichtig, daß die Schüler, wenn sie auf den Korridoren einem Professor begegneten, ruckartig stehenblieben und stramm Front machen mußten ... Daß nahezu alles verboten war und daß Übertretungen aufs strengste bestraft wurden. So stutzte man die Charaktere. So wurde das Rückgrat geschmeidig gemacht und, war das nicht möglich, gebrochen. Hauptsache war: Es entstand der gefügige, staatsfromme Beamte, der sich nicht traute, selbstständig zu denken, geschweige zu handeln." Im Sommer 1914, als sich der Beginn des Krieges abzeichnete, verbrachte Kästner zusammen mit der Mutter und der Cousine Dora seinen ersten Urlaub an der Ostsee. Man badete, lag am Strand und schmückte die Strandburg mit dem aus Kiefernzapfen zusammen-

gesetzten Schriftzug „Ohne Sorgen". Als die Urlauber zurück nach Dresden fuhren, begegneten ihnen Truppentransportzüge.

Die Soldaten, die sie nun aufmarschieren sahen, taten es nicht mehr, um dem sächsischen König zum Geburtstag zu gratulieren. Sie trugen nicht mehr ihre bunten Uniformen, sondern Feldgrau. Noch jubelten die Menschen und die Soldaten winkten, als wäre der Krieg nur ein großes Abenteuer. Wenig später trafen allerdings die ersten Todesnachrichten von der Front ein. Die Begeisterung war nun ebenso vorbei wie Erich Kästners Kindheit.

Juli 1914: der erste Ostseeurlaub in Graal-Müritz/Mecklenburg. Das Foto, das die Mutter (rechts) und die Cousine Dora in einer Strandburg mit dem Schriftzug „Ohne Sorgen" zeigt, hat Erich selbst aufgenommen.

Zunächst schien der Krieg keinen Einfluss auf das Leben in Dresden zu haben. Auch am Lehrerseminar ging alles seinen gewohnten Gang. Doch das änderte sich. Bald wurden die älteren Kameraden eingezogen und es dauerte nicht lange, bis die ersten von ihnen fielen. „Primaner in Uniform" heißt ein Gedicht aus dem Jahr 1930, in dem er die Erfahrungen jener Zeit auf eindringliche Weise formuliert hat:

Der Rektor trat, zum Abendbrot,
bekümmert in den Saal.
Der Klassenbruder Kern sei tot.
Das war das erste Mal.

Weitere Todesmeldungen folgten, und unter den Schülern machte sich Angst breit. In dem Gedicht heißt es weiter:

Wir hatten Angst. Und hofften gar,
es spräche einer Halt!
Wir waren damals achtzehn Jahr,
und das ist nicht sehr alt.

Ein Foto zeigt den achtzehnjährigen Erich Kästner mit kindlichem Gesicht in einer viel zu großen Uniform. Zu diesem Zeitpunkt hat er schon die ersten bitteren Erfahrungen seines Erwachsenenlebens gemacht. 1917 war er zu einer „Einjährigen-Freiwilligen-Kompanie" einberufen worden, in der die Rekruten möglichst schnell zum Einsatz an der Front ausgebildet werden sollten.
Die Ausbildung unterschied sich nicht grundsätzlich vom Drill am Lehrerseminar, aber sie war deutlich brutaler bis hin zu offenkundigem Sadismus. Ein Ausbilder tat sich mit seiner Menschenverachtung besonders hervor. Er ließ Erich so lange strafexerzieren, bis er zusammenbrach und mit akuten Herzproblemen ins Lazarett eingeliefert werden musste.

Fast noch ein Kind, doch schon in eine Uniform gezwungen: Der 18-jährige Erich Kästner als Gefreiter.

Kästner hat ihm 1929 mit dem Gedicht „Sergeant Waurich" ein literarisches Denkmal gesetzt. Dort heißt es:

Wer ihn gekannt hat, vergisst ihn nie.
Den legt man sich auf Eis!
Er war ein Tier. Und er spie und schrie.
Und Sergeant Waurich hieß das Vieh,
damit es jeder weiß.

Die Schikanen hatten drastische Konsequenzen für Kästners weiteres Leben: Geblieben war eine Herzschwäche, die der Dichter in Angst- und Stresssituationen immer wieder zu spüren bekam. Geblieben war aber auch seine Verachtung für alles Militärische, für den Drill, das Marschieren und die Kaltschnäuzigkeit, mit denen die Machthaber immer wieder junge Menschen in den Krieg schickten.
Für einen Fronteinsatz hatte die Zeit bis zum Kriegsende nicht mehr ausgereicht, aber als Kästner entlassen wurde, war er ein anderer Mensch geworden: erwachsener, kritischer, allerdings auch desillusioniert. Er kehrte ans Lehrerseminar zurück, wusste aber, dass er zum Lehrer nicht taugen würde. Er sei eben kein Lehrer, sondern ein Lerner, hat er später geschrieben. Der Weg in die elterliche Wohnung auf der Königsbrücker Straße ist ihm nicht leicht gefallen, denn die Eltern glaubten ja, dass er nun bald auf eigenen Füßen stehen und Geld verdienen würde. Er hat diese Situation folgendermaßen beschrieben:

„Mein Vater lehnte schweigend am Kachelofen. Meine Mutter stand unter der Lampe mit dem grünen Seidenschirm und den Perlfransen und fragte: ‚Was möchtest du denn tun?' ‚Auf einem Gymnasium das Abitur machen und dann studieren', sagte ich. Meine Mutter dachte einen Augenblick nach. Dann lächelte sie, nickte und sagte dann: ‚Gut mein Junge! Studiere!'"
Das König-Georg-Gymnasium, an dem Kästner zunächst hospitierte, ab Ostern 1919 am regulären Unterricht teilnahm und noch im selben Jahr ein glanzvolles Abitur ablegte, befand sich in der Johannstadt. 1945 wurde das Gebäude am Fiedlerplatz zerstört. Kästners Abschluss war so vorzüglich, dass er mit dem Goldenen Stipendium der Stadt Dresden ausgezeichnet wurde – ein Erfolg, der ihn ebenso stolz wie glücklich machte, denn damit waren die finanziellen Lasten, die seine Eltern fürs Studium aufzubringen hatten, etwas gemildert.
Am König-Georg-Gymnasium herrschte eine völlig andere, sehr viel offenere Atmosphäre, als er sie vom Lehrerseminar kannte. Als Gymnasiast begann Kästner auch zu schreiben. Seine erste bekannte Veröffentlichung findet sich in der Zeitschrift „Die Schulgemeinde des König-Georg-Gymnasiums zu Dresden", deren drittes Heft am 1. Juni 1919 erschienen ist. „Die Jugend schreit!" nannte er das expressionistisch beeinflusste Gedicht, in dem es heißt:

Wir liebten die Menschen.
Denn wir liebten die Welt!
Wir glaubten den Menschen.
Denn wir glaubten an uns!
Wir breiteten aus
unsere jungen Arme.

Weit offen stand unser Herz der Welt:
Menschheit unser Ziel!
Oh – wir träumten Liebe.
Ha, ha, ha, ha!
Wir träumten! – Furchtbar schreiendes Erwachen.

An das Goldene Stipendium der Stadt Dresden war nur eine Bedingung geknüpft: Der damit Ausgezeichnete musste an einer sächsischen Universität studieren. Da es im damaligen Königreich Sachsen nur eine *Alma Mater* gab, blieb Kästner die Wahl des Studienortes erspart, er ging nach Leipzig.

Im Herbst 1919 fuhren Mutter und Sohn zur Zimmersuche vom Neustädter Bahnhof in Dresden in die Messestadt, wo sie auf dem damals erst vier Jahre alten Hauptbahnhof eintrafen.

Das riesige Bauwerk, mit 26 Bahnsteigen und einem gewaltigen Querbahnsteig, das damals noch paritätisch von der Königlich Sächsischen und der preußischen Magdeburg-Leipziger Eisenbahn betrieben wurde, war der größte Bahnhof Europas. Überhaupt wirkte die Messestadt, die damals mit knapp 700 000 Einwohnern etwas größer als Dresden war, viel geschäftiger, umtriebiger und großstädtischer als die vergleichsweise eher ruhige und behäbige sächsische Residenz. In Leipzig, das war Erich Kästner schnell klar, würde er sich wohlfühlen. Sie fuhren mit der Straßenbahn ins Buchdruckerviertel und fanden auf der Senefelderstraße, die ausgerechnet von der Dresdner Straße abzweigte, ein günstiges Zimmer. Am Nachmittag brachte Kästner die Mutter zurück zum Bahnhof, und als er wieder in seinem möblierten Zimmer eintraf, fand er dort einen Briefumschlag mit 800 Mark. „Iss tüchtig, und schick die Wäsche!", hatte die Mutter, die sich gemeinsam mit ihrem

Der Bahnhof Dresden Neustadt, von dem aus Mutter und Sohn nach Leipzig fuhren, um dem angehenden Studenten ein Zimmer zu besorgen, liegt nur etwa zehn Fußminuten von der elterlichen Wohnung in der Königsbrücker Straße entfernt.

Mann dieses Geld buchstäblich vom Munde absparen musste, dazu geschrieben. Luiselotte Enderle, die diese Anekdote überliefert, erwähnt auch, dass Kästner die Hälfte des Betrags in den Semesterferien den Eltern zurückgegeben habe, „allerdings, er war dünn wie ein Zwirnsfaden geworden".

Vom Buchdruckerviertel aus benötigte Kästner mit der Straßenbahn nur wenige Minuten, dann hatte er schon die Innenstadt erreicht. Wahrscheinlich hat er die Strecke aber aus Kostengründen meist zu Fuß bewältigt. Dann ging er an der Johanniskirche vorbei zum Augustusplatz, wo sich Leipzig von seiner Schokoladenseite zeigte.

Hier, direkt vor dem damals längst abgerissenen Grimmaischen Tor, hatte man den Promenadenring zu einem repräsentativen Platz ausgebaut. Neues Theater und Bildermuseum standen sich gegenüber, und die Westseite wurde durch die Paulinerkirche und die Universitätsbauten begrenzt.

Heute würde Erich Kästner diesen Platz kaum wiedererkennen, denn er hat seine historische Gestalt fast vollständig verloren. Beim großen Bombenangriff am 4. Dezember 1943 wurden das Bildermuseum, das Neue Theater und ein Teil der Universitätsgebäude zerstört. Die Paulinerkirche, die auch als Universitätskirche diente, hatte den Krieg dagegen unbeschadet überstanden. Die bedeutende gotische Hallenkirche, in der sich das Grab des Ablasshändlers Johannes Tetzel (1465–1519) befand und in der Martin Luther 1545

seine letzte Leipziger Predigt hielt, stand allerdings den Stadtbauplänen der DDR-Regierung im Weg. „Das Ding muss weg", soll der aus Leipzig stammende SED-Chef Walter Ulbricht gesagt haben. Am 30. Mai 1968 wurde die Universitätskirche dann in die Luft gesprengt. Dafür baute man einen neuen Universitätskomplex mit Verwaltungs-, Hörsaal- und Seminargebäuden sowie einem 142,5 Meter hohen Hochhaus, das aufgrund seiner eigentümlichen Dachform im Volksmund „Professorenabschussrampe" genannt wurde. Anstelle des Neuen Theaters errichtete man bereits Ende der 1950er Jahre das Opernhaus, und ungefähr an der Stelle, wo sich ursprünglich das Bildermuseum befunden hatte, steht seit 1981 das Neue Gewandhaus, ein Konzertsaal mit 1900 Plätzen. Einzig der Mendebrunnen ist vom alten Augustusplatz

Der Leipziger Hauptbahnhof, der größte Bahnhof Europas, bietet ein beeindruckendes Entree in die Messestadt, die dem jungen Kästner viel lebendiger und großstädtischer vorkam als das vergleichsweise beschauliche Dresden.

(der zu DDR-Zeiten übrigens Karl-Marx-Platz hieß), wie ihn Erich Kästner kannte, übrig geblieben, seit 1982 steht er wieder am alten Platz. Von der Universität selbst blieben nur das klassizistische „Schinkeltor", das heute kulissenhaft zwischen gesichtslosen Neubauten steht, und das Leibnizdenkmal bestehen. Das Standbild des großen Universalgelehrten, der ebenso an der *alma mater lipsiensis* studiert hatte wie Goethe, Telemann, Lessing, Fichte, Körner, Schumann, Wagner, Franz Mehring, Karl Liebknecht oder der Schriftsteller Uwe Johnson, wird Kästner bestimmt näher betrachtet haben. Es stammt von dem Dresdner Bildhauer Ernst Hähnel, der Leibniz als würdigen Gelehrten mit Allongeperücke auf einen Sockel gestellt hat, dessen vier Seiten mit den Allegorien der klassischen Fakultäten geschmückt sind: Theologie, Philosophie, Rechtswissenschaft und Medizin.

Erich Kästner schrieb sich am 29. September 1919 als Student der Germanistik und Geschichte ein. Er hörte aber auch Vorlesungen in den Fächern Theaterwissenschaft, Zeitungskunde und französische Literatur. Der Musterschüler, der nun zum Musterstudenten wurde, lernte Althochdeutsch, griechische Geschichte, vertiefte sich in die Faustsage, analysierte Goethes Gedichte und Dramen, las Lessing – und wurde von seinen Dozenten aufgrund seiner scharfsinnigen und fundierten Beiträge hoch geschätzt. Er konnte vorzüglich schreiben, was zum Beispiel einem Dozenten der Zeitungskunde auffiel, der ihn für den geborenen Journalisten hielt. In der Anthologie „Dichtungen Leipziger Studenten" veröffentlichte Kästner 1920 drei Gedichte, die bereits erkennen lassen, dass er auch literarische Ambitionen hat. Dass der Student trotzdem erst einmal als Journalist Fuß zu fassen begann, hatte ganz praktische Gründe: In der Krisen- und Inflationszeit, in der das Goldene Stipendium der Stadt Dresden bald nur noch für die tägliche Schachtel Zigaret-

ten ausreichte, musste der Arbeitersohn sehen, wie er zu Geld kam. Nach Gastsemestern in Rostock und Berlin kehrte Kästner im April 1922 nach Leipzig zurück, weil ihm der renommierte Literarhistoriker Albert Köster eine Stelle als *Famulus* – was man heute als studentische Hilfskraft bezeichnen könnte – anbot. Er nahm sich ein Zimmer in einer günstigen Artistenpension in der Straße mit dem merkwürdigen Namen Czermaks Garten, von wo aus er die Universität in fünf Minuten erreichen konnte. Aber um studieren zu können, musste man erst einmal überleben. Welche Arbeitsmöglichkeiten die Messestadt mittellosen Studenten damals zu bieten hatte, hat Kästner in einer Glosse beschrieben:

„Erst wollte ich Aushilfskellner werden. Ich habe auch schon zu Hause geübt. Aber meine Wirtin gibt das dabei übrig gebliebene Porzellan nicht mehr aus dem Schranke ... Oder lasse ich mir ein paar Firmenschilder auf Brust und Rücken nageln und wandle, damit behaftet, durch die Grimmaische und die Petersstraße? ...Vielleicht verkaufe ich Zeitungen? ‚Kaufen Sie dieses Blatt, meine Herrschaften! Es steht ein Artikel von mir drin! Sehr lehrreich und sehr lesenswert!' ... Vielleicht werde ich auch Feuerwehrmann. Oder Portier im ‚Nachtfalter'. Oder Laufjunge. – Ich muß mal sehen ..."

Schwere Zeiten muss man mit Humor nehmen oder zumindest mit Sarkasmus, wusste der Student, schrieb eine

Glosse über die Inflation („Max und sein Frack"), schickte sie ans „Leipziger Tageblatt" – und wurde gedruckt. Der Dozent der Zeitungskunde hatte Recht gehabt: Erich Kästner erwies sich als der geborene Journalist. Der „Tageblatt"-Verleger Richard Katz erkannte das schnell und bot dem Studenten an, für die drei in seinem Verlag erscheinenden Magazine „Der Die Das", „Das Leben" und „Die große Welt" zu arbeiten. Kästner redigierte Texte, kürzte, verlängerte, fand schmissige Überschriften, vor allem aber schrieb er selbst: Glossen, Gedichte, die oft ein wenig an Wilhelm Busch erinnerten, und heitere Geschichten. Aber er verfasste damals auch schon kabaretttaugliche Gedichte mit politischem Anspruch – vor allem für die satirische Wochenzeitschrift „Der Drache".

So sah der Leipziger Augustusplatz aus, als Kästner hier studierte. Rechts ist die gotische Universitätskirche zu sehen, die die SED 1968 in die Luft sprengte. Links daneben das Augusteum, das damalige Hauptgebäude der Universität. Es war im Krieg beschädigt und in den 1960er Jahren abgerissen worden, obwohl man den prächtigen Gebäudekomplex leicht wieder hätte aufbauen können.

Leipzig. Augustusplatz mit Neuem Theater u. Hochhaus

schon 1833 eröffnete Lokal, das der aus Thüringen stammende Konditor Wilhelm Felsche am ehemaligen Standort des Grimmaischen Tors erbauen ließ, galt als Leipzigs vornehmstes Café. In der warmen Jahreszeit saßen die Gäste unter Palmen im Freien, meist aber in den mondän, mit viel Stuck und Spiegeln ausgestatteten Räumen. Kästner hatte seinen Stammplatz, rauchte, trank Kaffee und Kognak und schrieb: Glossen, Kommentare, Rezensionen zu neuen Büchern und Kritiken zu Stücken, die er an den damals hervorragenden Leipziger Theatern gesehen hat. Und natürlich schrieb er auch den täglichen Brief oder die tägliche Karte an seine Mutter, die er auf diese Weise stets an seinem Leben teilhaben ließ.

In Leipzig lernte Kästner nicht nur Kollegen und Künstler wie den Karikaturisten Erich Ohser, der später unter dem Pseudonym E. O. Plauen mit seinen Geschichten von „Vater und Sohn" berühmt werden sollte, und den Journalisten Erich Knauf kennen, sondern auch die Volontärin der „Neuen Leipziger Zeitung". Sie hieß Luiselotte Enderle und sollte später Kästners Lebensgefährtin und erste Biografin werden.

Es war ein satirisches, erotisches Gedicht, das Kästners Aufenthalt in Leipzig ziemlich abrupt beendete. Dabei war es noch nicht einmal in Leipzig, sondern in der „Plauener Volkszeitung" erschienen, versehen mit einer Illustration von Erich Ohser. Das „Abendlied des Kammervirtuosen" beginnt mit folgender Strophe:

Du meine neunte Sinfonie!
Wenn du das Hemd an hast mit
rosa Streifen ...
Komm wie ein Cello zwischen
meine Knie,
Und laß mich zart in deine Seiten
greifen!

Ida Kästner hatte also allen Grund, stolz zu sein. Albert Köster war weniger glücklich, weil er nicht zu Unrecht befürchtete, dass der talentierte junge Mann nun der Wissenschaft verloren gehen würde. Aber erst einmal brachte Erich das Studium nach einigen akademischen Irrwegen dennoch mit Bravour zu Ende. Da Köster 1924 Selbstmord beging, reichte Erich Kästner seine glänzend geschriebene und scharfsinnig argumentierende Dissertation über „Die Erwiderungen auf Friedrichs des Großen Schrift ,De la Littérature Allemande'" bei dem Philologen Georg Witkowski ein. Am 4. August 1925 wurde er zum Doktor der Philosophie promoviert.

Aber er wollte nicht Privatdozent oder Professor werden, er wollte schreiben. Nach Dresden zurückzukehren, kam längst nicht mehr infrage. Dort lebten zwar die Mutter – oder das „Mutt-

Die andere Seite des Augustusplatzes würde Kästner gewiss wiedererkennen. An der Stelle des Neuen Theaters steht zwar heute das Leipziger Opernhaus, doch das Krochhochhaus, das die benachbarten Dächer der Goethestraße weit überragt, wurde gerade erbaut, als er in Leipzig studierte.

chen", wie er sie liebevoll sächsisch zu nennen pflegte – und außerdem seine erste Geliebte, Ilse Julius, aber verglichen mit dem hektischen und anregenden Großstadtleben in Leipzig war ihm Dresden inzwischen viel zu langweilig. Ziemlich unverblümt führte er dies in einem Zeitungsartikel aus:

„Das liebe alte Dresden! Es ist vorbei mit Königsparaden und Hoflieferanten ... Sogar die rühmlichen Straßenkehrer scheinen ausgewandert zu sein ... Aber noch ist es die alte vornehme Stadt ... Und gerade jetzt. Leipzig ist das Heute. Und Dresden – das Gestern ... Leipzig ist Wirklichkeit. Und Dresden – das Märchen ... Und 80 Kilometer Luftlinie liegen zwischen dem Märchen und der Wirklichkeit ..."

Kästner sagte der „Spinatwachtel", wie er seine etwas verschrobene Pensionswirtin in Czermaks Garten titulierte, Lebewohl, packte seine Koffer und zog in zwei möblierte Zimmer auf der Hohen Straße, die ihm eine Anwaltswitwe vermietete. Als 24-Jähriger hatte er nun bereits so viel Platz wie einst der Lehrer Schurig in der elterlichen Wohnung. Viel dürfte sich der junge Doktor, der zum Politik- und Feuilletonredakteur beim „Leipziger Tageblatt" aufgestiegen war und später zur „Neuen Leipziger Zeitung" wechselte, aber nicht zu Hause aufgehalten haben. Seine eigentlichen Arbeitszimmer waren die Leipziger Kaffeehäuser, vor allem das Café Merkur und das Café Felsche, das sich am Augustusplatz befand. Das

Beethoven hätte es wahrscheinlich amüsiert, im Gedenkjahr anlässlich seines 100. Todestages provozierte das Gedicht jedoch einen Skandal. Respektlosigkeit und Verstöße gegen Anstand und Sitte wurden dem Redakteur vorgeworfen, der aufgrund seiner linksliberalen politischen Haltung ohnehin nicht besonders wohlgelitten war. Über den Abschiedsabend in Leipzig schrieb Luiselotte Enderle in ihrer 1960 erstmals erschienenen Biografie: „Es war ein Frühlingsabend, als Hilde Decke, nun Chefredakteurin der neu gegründeten Zeitschrift ‚Beyers für Alle‘, samt ihren beiden Mitarbeiterinnen und einer Ananasbowle den hunderttausendsten Abonnenten bei ihrem Mitarbeiter Kästner feiern wollte. Die Damen hatten sich für den feierlichen Anlaß Kinderkleidchen angezogen, die jungen Männer, Paul Beyer, Erich Ohser und Kästner, machten hingegen einen sehr düsteren Eindruck. Schließlich gestanden sie, was sich ereignet hatte. Das Schwert des Damokles war am Nachmittag heruntergesaust. Der

Direktor der ‚Neuen Leipziger Zeitung‘, ein Dr. Marguth, hatte Kästner wegen der ‚Neunten Symphonie‘ fristlos entlassen. Und der Illustrator des Gedichts, Erich Ohser, war gleich mitgeflogen. Man hatte Kästner angeboten, als Theaterkritiker für die Zeitung in Berlin zu arbeiten. Ein Gehalt? Ein lächerliches Existenzminimum! Es blieb keine Wahl. Kästner nahm an. Die Jubelfeier wurde zum Abschiedsfest."
Kästner hatte ohnehin längst gewusst, dass er eines Tages nach Berlin gehen würde. Nun ging freilich alles viel schneller als geplant. Aber für die Entwicklung des Schriftstellers sollte sich der erzwungene Wechsel in die Metropole jedenfalls als Glücksfall erweisen. Aber sehen wir uns noch einmal nach Kästners Spuren in Leipzig um. Nicht nur der Augustusplatz mit dem Augusteum und der Universitätskirche St. Pauli wurden im Zweiten Weltkrieg zerstört. Auch das Café Felsche ging im Bombenhagel unter, soll aber bei der Neugestaltung des Platzes bis 2009 wieder aufgebaut werden. Kästner würde dies sicher freuen. Wenn der Dichter heute durch die Leipziger Innenstadt flanieren würde, käme sie ihm wahrscheinlich immer noch vertraut vor. Zufrieden könnte er feststellen, dass die meisten Bauwerke noch oder wieder an ihrem Platz stehen: das Alte und das Neue Rathaus, die Messepaläste wie etwa Specks Hof oder die Mädler-Passage mit Auerbachs Keller, die Handelsbörse mit dem Denkmal des jungen Goethe, Thomas- und Nikolaikirche oder auch die historischen Gaststätten Barthels Hof, Coffee Baum oder Thüringer Hof. Wahrscheinlich wäre er etwas erstaunt darüber, dass am Hauptbahnhof zwar noch immer Züge aus Dresden eintreffen, dass sich das Gebäude aber inzwischen in ein gigantisches Shoppingcenter verwandelt hat. Auf der Suche nach Altvertrautem könnte man dem Dichter aber bedenkenlos empfehlen, sich in die Straßenbahn zu setzen und zum Deutschen Platz zu fahren. Dort, nicht weit vom Völkerschlachtdenkmal, dessen klotzige Monumentalität ihm kaum gefallen haben dürfte, steht die Deutsche Bücherei, die inzwischen Teil der Deutschen Nationalbibliothek geworden ist. Man kann sich gut vorstellen, wie der Student Anfang der 1920er Jahre die

große Freitreppe hinaufgestiegen ist, eine der drei goldgeschmückten doppelflügligen Türen geöffnet und dann die mit Kunstwerken prächtig ausgestattete Eingangshalle betreten hat. Er wird geradeaus weitergegangen sein, vorbei an Information und Ausleihe, und den großen Lesesaal betreten haben. Dort könnte er sich noch heute in seine Studienzeit zurückversetzt fühlen, denn noch immer verströmt dieser großartige Saal mit seiner Galerie und den langen Bücherreihen die Atmosphäre von Geist, Bildung, Konzentration und akademischem Fleiß. Aber andererseits: Allzu lange wird es der junge Erich Kästner in der Stille des großen Lesesaals nicht ausgehalten haben, denn – anders als im Café Felsche – war hier das Rauchen streng verboten, woran sich bis heute natürlich nichts geändert hat.

Der erzwungene Wechsel von der Messe- in die Hauptstadt kam Kästner im Grunde genommen gerade recht. Früher oder später hätte es ihn ohnehin in die Metropole mit ihrer faszinierenden Kulturszene gezogen. Auf dem Foto, das 1927 kurz nach seiner Ankunft in Berlin aufgenommen wurde, ist er gemeinsam mit seinem Freund, dem Illustrator Erich Ohser, zu sehen.

In Leipzig gelang Erich Kästner der Einstieg in den Journalismus. Dieses Foto entstand um 1925. Er war zu diesem Zeitpunkt bereits Redakteur bei der „Neuen Leipziger Zeitung".

Der große Lesesaal der Deutschen Bibliothek hat sich seit Kästners Leipziger Studienzeit kaum verändert. Damals wie heute ist es ein faszinierender Ort konzentrierter akademischer Arbeit.

Knapp anderthalb Jahrhun-
derte vor Kästner war auch
Goethe als Student nach
Leipzig gekommen. Die
Messestadt setzte ihm am
Naschmarkt vor der alten
Handelsbörse und direkt
neben dem Alten Rathaus
dieses Denkmal.

Ein Blick in die Mädler-
passage mit den beiden Figu-
rengruppen aus dem
„Faust", die den Eingang zu
Auerbachs Keller zieren
(Faust und Mephisto sowie
die zechenden Studenten).
Man kann sicher davon ausgehen, dass Kästner während
seiner Studienzeit diesen
Schauplatz der Weltliteratur
besucht hat – vielleicht auch
nur, um in geselliger Runde
Wein zu trinken.

Nur frisch hinunter! Immer zu!
Bist mit dem Teufel du und du
Es wird dir gleich das H
Und willst dich vor de

Seit 1525 wird hier Wein ausgeschenkt. Der Fasskeller ist schon deshalb das Herzstück von Auerbachs Keller, weil Goethe eine der populärsten Szenen seines „Faust" hierhin verlegt (Mephisto führt Faust vier zechende Studenten als Beispiel vor, wie leicht es sich leben lässt). Die Deckenmalerei im Tonnengewölbe erinnert daran.

Auch Barthels Hof hat sich
seit Kästners Zeit kaum verändert, sieht man einmal
davon ab, dass das als Teil
einer großen Hofanlage
erbaute historische Gasthaus
nach der Wende mustergül-
tig restauriert wurde. Dieser
letzte erhaltene typische
Handelshof aus der Zeit der
traditionellen Warenmessen
war Mitte des 18. Jahrhunderts von dem Leipziger
Kaufmann Gottlieb Barthel
erbaut worden. Seine end-
gültige Gestalt erhielt er
durch einen Umbau in den
Jahren 1870/71. Auch wenn
Erich Kästner Barthels Hof
nicht ausdrücklich erwähnt
hat, kann man davon ausgehen, dass er die beliebte
historische Gaststätte ganz
sicher gekannt und auch
besucht hat.

Der Mendebrunnen, an dem
Kästner als Student täglich
vorüberging, ist eines der
wenigen Bauwerke, das vom
ursprünglichen Ensemble
des Augustusplatzes übrig
geblieben ist. Kästners
Schriftstellerkollege Egon
Erwin Kisch hatte die
Legende in die Welt gesetzt,
die Stifterin und Namens-
geberin des prächtigsten aller
Leipziger Brunnen sei Besit-
zerin eines Bordells gewesen.
In Wahrheit war Marianne
Pauline Mende, die 1881
starb und sich den Brunnen
stolze 150 000 Goldmark
kosten ließ, eine ehrbare
Kaufmannswitwe. Im Hintergrund sind das ehe-
malige Universitätshochhaus
und das Neue Gewandhaus
(links) zu sehen.

„Diese Autos! Sie drängten sich hastig an der Straßenbahn vorbei; hupten, quieckten, streckten rote Zeiger links und rechts heraus, bogen um die Ecke; andere Autos schoben sich nach. So ein Krach! Und die vielen Menschen auf den Fußsteigen! Und von allen Seiten Straßenbahnen, Fuhrwerke, zweistöckige Autobusse! Zeitungsverkäufer an allen Ecken. Wunderbare Schaufenster mit Blumen, Früchten, Büchern, goldenen Uhren, Kleidern und seidener Wäsche. Und hohe, hohe Häuser. Das war also Berlin."

So erlebt Emil Tischbein, der Held aus „Emil und die Detektive", gleich nach seiner Ankunft Berlin. Aus dieser Schilderung spricht auch die Faszination des Großstadtlebens, die der Autor Erich Kästner in der Hauptstadt empfunden hat. Schon als sich sein Gastsemester dem Ende näherte, schrieb er am 3. Januar 1927 an die Mutter. „Es gruselt mich fast, wieder nach Leipzig zu müssen." Berlin sei „der einzige Boden in Deutschland, wo was los ist! Paar Tage da drüben machen einen herrlich mobil."

Als Kästner wieder nach Leipzig ging, war ihm trotzdem klar, dass er später zurückkehren würde. Nun war es unfreiwillig geschehen, aber im Grunde kam es dem Journalisten gerade recht. Er hatte ja auch Glück, den letzten Rest der „Goldenen Zwanziger" dort mitzuerleben, wo diese am glänzendsten und spannendsten waren. Seit der Währungsreform von 1923 ging es bergauf, die junge Weimarer Republik schien sich trotz aller Anfeindungen zu stabilisieren, und die Vier-Millionen-Metropole an der Spree mauserte sich zu einer Art europäischen Kulturhauptstadt, auch wenn dieser Titel damals natürlich noch nicht vergeben wurde. Es gab Hunderte Kinos, etwa 60 Theater und Kabaretts, weltberühmte Museen und zahllose Galerien sowie fast 150 Tages- und Wochenzeitungen. Für jemanden wie Erich Kästner ein geradezu prädestiniertes Pflaster.

Ein hohes Einkommen hatte der freie Theaterkritiker der „Neuen Leipziger Zeitung" natürlich nicht, das Blatt

bezahlte ihm einen Hungerlohn. Aber aufgrund seiner Herkunft war er es ja gewohnt, mit wenig Geld auszukommen. Zunächst nahm er sich also wieder ein möbliertes Zimmer, diesmal bei der Witwe Ratkowski auf der Prager Straße Nummer 17 in Wilmersdorf.

Aber auch in Berlin arbeitete er kaum zu Hause, sondern vor allem in Cafés, und die hiesige Kaffeehauskultur war der Leipziger natürlich haushoch überlegen. Bald schrieb er nicht nur für seinen Leipziger Auftraggeber, sondern knüpfte auch in Berlin Redaktionskontakte, sodass er genug Abnehmer für seine Theater- und Filmkritiken, Geschichten, Gedichte, Kunst- und Buchbesprechungen fand. Kästner kam zwar selbst aus der Provinz, passte sich aber innerhalb von kürzester Zeit an und genoss die vibrierende Atmosphäre der Metropole in vollen Zügen. Dass er sich gleichwohl den distanzierten Blick des Zugereisten bewahrt hatte, der das Großstadtleben nicht als selbstverständlich empfindet, sondern es mit einem gewissen Staunen betrachtet, zeigt er zum Beispiel mit dem 1929 erschienenen Gedicht „Besuch vom Lande":

Sie stehen verstört am Potsdamer Platz.
Und finden Berlin zu laut.
Die Nacht glüht auf in Kilowatts.
Ein Fräulein sagt heiser: ,Komm mit, mein Schatz!'
Und zeigt entsetzlich viel Haut.

Sie wissen vor Staunen nicht aus und nicht ein.
Sie stehen und wundern sich bloß.
Die Bahnen rasseln. Die Autos schrein.
Sie möchten am liebsten zu Hause sein.
Und finden Berlin zu groß.

Es klingt, als ob die Großstadt stöhnt, weil irgendwer sie schilt.
Die Häuser funkeln. Die U-Bahn dröhnt.
Sie sind das alles so gar nicht gewöhnt.
Und finden Berlin zu wild.

Sie machen vor Angst die Beine krumm.
Sie machen alles verkehrt.
Sie lächeln bestürzt.
Und sie warten dumm.
Und stehn auf dem Potsdamer Platz herum, bis man sie überfährt.

Schon das Leipziger Nachtleben hatte Kästner beeindruckt, die Berliner Szene übertraf jedoch alle seine Erwartungen. Immerhin erlebt er hier den Höhepunkt und Ausklang der „Goldenen Zwanziger". Das Foto von 1928 zeigt das Nachtkabarett „Oase" am Potsdamer Platz.

Die Weltbühne

Der Schaubühne XXVI. Jahr
Wochenschrift für Politik · Kunst · Wirtschaft

Begründet von Siegfried Jacobsohn

Unter Mitarbeit von Kurt Tucholsky
geleitet von Carl v. Ossietzky

Inhalt:
Carl v. Ossietzky . . . . Remarque-Film
K. L. Gerstorff . . . . Gewerkschaften und Fascismus
. . . . Gontard
Peter Scher . . . . Die unterdrückte Stimme
Peter Panter . . . . Frieden
Hanns-Erich Kaminski . . . . . Der junge Mann aus Wien
Wolf Zucker . . Das Land mit dem Minderwertigkeitskomplex
Celsus . . . . Dicke Bücher
Klaus Pringsheim . . . . Berliner Opernsanierung
Theobald Tiger . . . . Ballade
Morus . . . . Schacht auf Reisen
Bemerkungen — Antworten

Erscheint jeden Dienstag

XXVI. Jahrgang   16. Dezember 1930   Nummer 51
Versandort Potsdam

Verlag der Weltbühne
Charlottenburg · Kantstrasse 152

Erich Kästner selbst wurde in Berlin nicht überfahren. Er wartete aber auch nicht dumm, sondern war enorm aktiv. Er machte auch nicht alles verkehrt, sondern im Gegenteil fast alles richtig. Er eröffnete seine „kleine Versfabrik" und veröffentlichte seine satirischen Gedichte bald nicht mehr nur auf Zeitungspapier, sondern auch sorgfältig zwischen zwei Buchdeckeln gedruckt. Im April 1928 erschien bei dem Leipziger Verleger Curt Weller sein erster Lyrikband unter dem Titel „Herz auf Taille" – 49 Gedichte, die natürlich mit Illustrationen von Erich Ohser versehen waren. Im Jahr darauf kam mit „Lärm im Spiegel" schon der zweite Band, gefolgt von „Ein Mann gibt Auskunft" (1932) und „Gesang zwischen den Stühlen" (1932). Seine Gedichte, in denen er die Spießermoral und den

Der Potsdamer Platz war ein innerstädtischer Verkehrsknotenpunkt und seit den 1920er Jahren zugleich der Inbegriff modernen großstädtischen Lebens. Hier stand seit 1924 die erste Ampelanlage Europas und hier befanden sich viele noble Cafés und Restaurants, darunter das Café Josty, das zu den wichtigsten Künstler- und Literatentreffpunkten zählte.

Militarismus, Probleme wie Arbeitslosigkeit, Inflation, Armut und politische Auseinandersetzungen, aber auch die menschlichen Unzulänglichkeiten kritisiert, trafen mit ihrem oft lakonischen und respektlosen Ton den Nerv der Zeit. Die Bücher verkauften sich gut.
Bereits 1926 erschien sein erster Artikel in der „Weltbühne". Das von Carl v. Ossietzky geleitete Blatt war nicht nur die renommierteste deutsche Intellektuellenzeitschrift mit beträchtlichem Einfluss auf die öffentliche Meinung, sie war auch eine wichtige Kontaktbörse. Kästner galt schon bald neben Autoren wie Kurt Tucholsky und Arnold Zweig als einer der wichtigsten Mitarbeiter. Im Haus an der Kantstraße 152 in Charlottenburg, wo sich die Redaktion von 1927 bis zum Verbot durch die Nazis 1933 befand, lernte er auch Edith Jacobsohn kennen, die nach dem Tod ihres Mannes und „Weltbühne"-Gründers, Siegfried Jacobsohn (1881–1926), das Blatt verlegte. Da sie daneben auch den Kinderbuchverlag „Williams & Co." leitete, war sie auf der Suche nach guten Kinderbuchautoren. Aus diesem Grund bat sie auch Kästner, der ja schon in Leipzig erfolgreich Texte für Kinder geschrieben hatte, sich Gedanken über ein Kinderbuch zu machen. Als er das tat, fiel ihm wieder ein, wie er als Kind einmal erfolgreich Detektiv gespielt hatte. In seinen Kindheitserinnerungen hat er die Geschichte später

erzählt: Ein Fräulein war bei der Mutter erschienen und hatte ihr einen umfangreichen Auftrag erteilt: Da sie heiraten würde, sollte Ida Kästner zuvor zehn Damen festlich frisieren. Frau Kästner traf zum verabredeten Zeitpunkt an der verabredeten Adresse ein, doch dort wusste niemand etwas von einer Hochzeit und dem damit verbundenen Frisier-Auftrag. Ida Kästner, die extra Material eingekauft hatte, war traurig und enttäuscht, einer Schwindlerin aufgesessen zu sein. Ein paar Wochen später erkannte Erich die falsche Braut auf der Straße wieder, verfolgte sie durch die ganze Innenstadt und entdeckte schließlich, dass sie als Verkäuferin in einem Bekleidungsgeschäft am Altmarkt arbeitete. Dort sprach er den Geschäftsführer an, der sie zwang, Erich nach Hause zu begleiten, sich bei der Mutter zu entschuldigen und den Schaden zu begleichen.

Ein Titelblatt der „Weltbühne" vom 16. Dezember 1930, in der Erich Kästner publizierte. Wer für dieses von Siegfried Jacobsohn begründete Blatt schreiben durfte, gehörte zur geistigen Elite der Weimarer Republik.

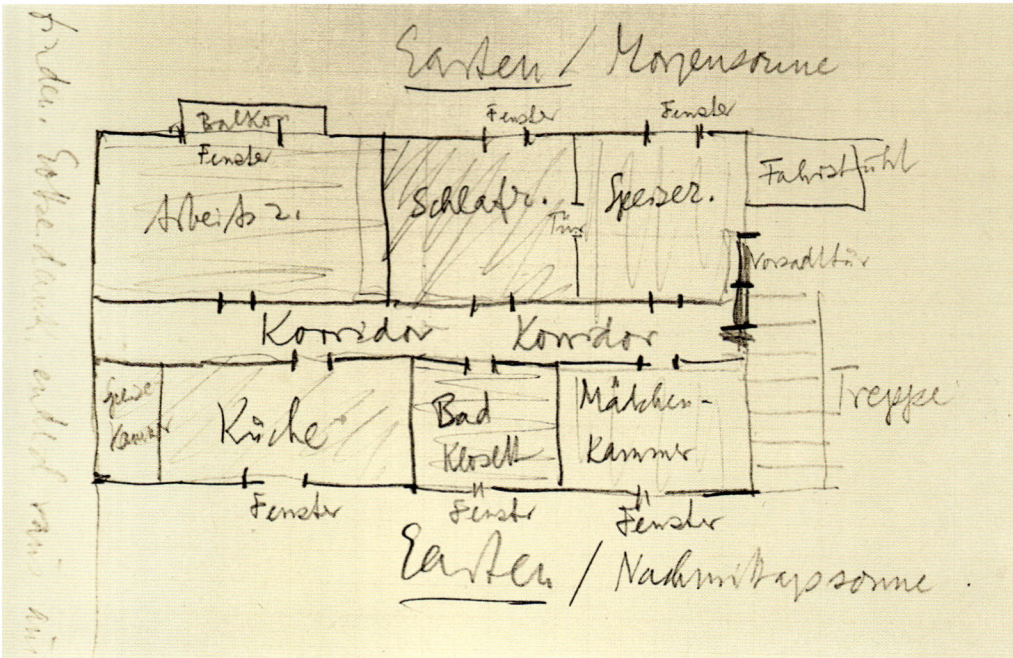

Auch wenn Emils Geschichte etwas anders und natürlich viel länger, verwickelter und spannender ist, so hat doch Emil Tischbein große Ähnlichkeit mit dem Kind, das Erich Kästner einmal gewesen ist. Neustadt, wo Emil in den Zug nach Berlin steigt, ist in Wahrheit Dresden-Neustadt. Und der Junge aus der Provinz, dem auf der Fahrt zur Großmutter 150 Mark gestohlen werden, die er dann mit der Hilfe einer Berliner Kinderbande zurückbekommt, und der außerdem den Dieb sogar stellen kann, kommt nicht nur aus derselben Stadt, sondern auch aus demselben Milieu und einer ganz ähnlichen familiären Situation wie der Verfasser des Kinderbuchs, das am 15. Oktober 1929 erschien. Unter diesem Datum schrieb Kästner dem Muttchen nach Dresden: „Heute kam Frau Jacobsohn vorbei, im Auto, und brachte mir das erste Exemplar von ‚Emil und die Detektive'. Ich

Jung, erfolgreich und voller Zukunftspläne: Dieses 1929 entstandene Porträt zeigt Erich Kästner in der vielleicht glücklichsten Zeit seines Lebens.

schicke Dir's morgen ab, will mir's nur selber erst einmal in Ruhe betrachten. Es sieht sehr gut aus."

Da saß er nun und bestaunte sein reichlich 170 Seiten starkes Buch, dessen Titel auf einer großen gelben Fläche einen Mann mit einem eigentümlichen Schatten zeigt, der von zwei Jungs beobachtet wird, die hinter einer Litfaßsäule stehen, die ebenfalls einen langen Schatten wirft – ein Bild von ganz besonderer Magie. Gemalt hatte es Walter Trier (1890–1951), der unter anderem für den „Uhu" und die „Berliner Illustrirte Zeitung" arbeitete und als Zeichner und Buchillustrator hoch geschätzt wurde. Kästner war begeistert und ließ Trier fortan alle Titel seiner Kinderbücher gestalten. Diese Zusammenarbeit wurde erst durch Triers Tod beendet.

Kästners „Emil" wurde ein Sensationserfolg: Schon nach wenigen Tagen lag das Buch in allen Schaufenstern, bald waren die ersten 4000 Exemplare ausverkauft. Nach sechs Monaten wurden weitere 10 000 gedruckt und auch bald verkauft. Kästner hatte einen Ton getroffen, der den Kindern gefiel, da sie sich ernst genommen fühlten. Und seine humorvolle und zugleich spannende Art zu erzählen sprach auch Erwachsene an. Schon 1930 gab es Lizenzanfragen für fremdsprachige Ausgaben in den USA, den Niederlanden, Dänemark und Norwegen. Später konnten aber auch Kinder in Japan, Indien und China den „Emil" lesen.

Doch schon bevor „Emil und die Detektive" erschien, hatte sich Erich Kästners finanzielle Lage so verbessert, dass er sein Dasein als „möblierter Herr" endlich aufgeben konnte.

Am 31. August 1929 schrieb er dem lieben guten Muttchen nach Dresden, dass er jetzt eine neue Wohnung gefunden habe:

„Na, die kleine Wohnung ist reizend. In einer Seitenstraße vom Kurfürstendamm. Schön ruhig. Alle möglichen Autobusse, Straßenbahnen und Stadtbahnhof Charlottenburg 2 Minuten entfernt. In einem vierstöckigen Gartenhaus. Zu beiden Seiten bißchen was Grünes, im 4. Stock Fahrstuhl. Neubau, seit genau einem Jahr bezogen. Die Leute, junges Ehepaar, wollen sich vergrößern. Loben das Haus, die Wohnung etc. sehr. Haben noch vier Jahre Kontrakt. Den übernehme ich, wenn ich miete. Der Wirt ist eine große Gesellschaft. Die Wohnung selber: 3 Zimmer, Morgensonne, Balkon, 1 Bad, Klosett, zusammen, 1 Küche, 1 Mädchenkammer, kleine Diele, Speisekammer, zwei eingebaute Schränke, Zen-

Damit sich die Mutter die luxuriöse Wohnung in der Berliner Roscherstraße, die er am 1. Oktober 1929 bezieht, auch richtig vorstellen konnte, ließ Erich ihr diese handschriftliche Skizze per Brief nach Dresden zukommen.

Mit seinen unverwechselba-
ren Zeichnungen hat Walter
Trier – hier auf einem Foto
um 1930 – den Kästner-
Büchern einen ganz eigenen
Stempel aufgedrückt. Die
Zusammenarbeit zwischen
dem Autor und dem Zeich-
ner endete erst mit Triers
Tod im Jahr 1951.

Der von Walter Trier um
1928 gezeichnete Titel des
Kästnerbuchs „Emil und die
Detektive" (links) ist selbst
ein weltbekanntes Kunst-
werk. Die Geschichte von
dem Jungen, der bestohlen
wird, aber mit einer Berliner
Kinderbande den Dieb ding-
fest machen kann, hat Kästner schlagartig berühmt
gemacht – und ihn zumin-
dest zu Beginn der Nazi-Zeit
vor Verfolgungen geschützt.

tralheizung, Telefon. Die Zimmer sind nicht sehr groß ... Will Dir mal aufzeichnen, wie die Sache ungefähr im Plan aussieht."

Welch ein Luxus, Ida Kästner wird vor Stolz und Freude ganz außer sich gewesen sein, denn nun zeigte sich auch äußerlich, dass ihr Junge es geschafft hatte. Er wohnte in einem vornehmen Berliner Viertel, in einem vornehmen Haus, in einer Wohnung, die mit allen Bequemlichkeiten und allem Komfort der neuen Zeit gesegnet war. Während sie und Emil Kästner die Kohlen aus dem Keller bis in den zweiten Stock schleppen und die Asche wieder nach unten tragen mussten, brauchte Erich nur das Ventil seiner Zentralheizung zu öffnen, um auch im Winter von wohliger Wärme umfangen zu sein.

Erich Kästner lebte inzwischen in sehr viel besseren Verhältnissen als sein „Emil" und auch als Fabian. Dr. phil.

Lächeln für das Muttchen in Dresden. Natürlich schickte Erich Kästner auch dieses leicht verschmitzte Porträt aus dem Jahr 1930 an die Mutter in die Königsbrücker Straße.

Jakob Fabian, der Titelheld seines gleichnamigen, im Oktober 1931 erschienenen Romans, wohnt in der Schaperstraße 17 zur Untermiete, gar nicht weit von Kästners erster Wohnung auf der Prager Straße entfernt. In „Fabian. Die Geschichte eines Moralisten" hat Kästner eigene Erfahrungen einfließen lassen. Der Titelheld ist fasziniert und zugleich abgestoßen von der Amoralität des Berliner Nachtlebens mit seinen Klubs, Bars und Bordellen. Er ist desillusioniert, scheitert im Beruf und in seinen privaten Beziehungen und stirbt schließlich auf sehr bezeichnende Weise: Zurückgekehrt in seine Heimatstadt – unschwer ist hier die Dresdner Augustusbrücke als Handlungsort zu erkennen – ertrinkt der Nichtschwimmer, als er einen Jungen aus dem Fluss retten will.

Erich Kästner scheiterte dagegen keineswegs, sondern feierte Erfolge. Dem „Emil" folgten unter anderem mit „Pünktchen und Anton" (1931), „Der 35. Mai" (1932) und „Das fliegende Klassenzimmer" (1933) weitere erfolgreiche Kinderbücher, und bereits 1931 wurde der „Emil" zum ersten Mal erfolgreich verfilmt. Kästner arbeitete weiter journalistisch, schrieb Gedichte, Texte fürs Kabarett und entwickelte ständig neue Projekte.

Gearbeitet hat der Erfolgsautor nach wie vor im Kaffeehaus, auf dessen unruhige und doch inspirierende Atmosphäre er nicht mehr verzichten konnte. Stundenlang saß Kästner im Romanischen Café, dem berühmtesten Künstler- und Literatentreffpunkt im Berlin der 1920er Jahre. Es stand gegenüber der Kaiser-Wilhelm-Gedächtniskirche auf dem Terrain, auf dem sich heute das Europa-Center befindet. „Das Romanische Café ist der Wartesaal der Talente", schrieb Kästner in einem Artikel, der am 26. April 1928 in der „Neuen Leipziger Zeitung" erschien: „Es gibt Leute, die hier seit zwanzig Jahren, Tag für Tag, aufs Talent warten. Sie beherrschen, wenn nichts sonst, so doch die Kunst des Wartens in verblüffendem Maße ... Jeder kennt jeden. Man begrüßt sich jovial oder – eine andere Methode – nur ganz nebenbei, um das Gehirn nicht beim Dichten und Denken zu unterbrechen. Man setzt sich von einem Tisch zum anderen; erstens, um sich Klatsch zu erzählen, und zuweilen zweitens, um dem Kell-

ner, der Bestellungen entgegennimmt, zu erklären, man sitze nur en passant hier. Man borgt sich erfolglos an. Man liest Berge von Zeitungen. Man wartet, daß das Glück hinter den Stuhl tritt und sagt: ,Mein Herr, Sie sind engagiert.'"

Vom Romanischen zu Schwanneckes Weinstuben in der Rankestraße Nummer 4 waren es zwar nur wenige Schritte, dennoch lagen Welten dazwischen, denn hier trafen sich die, die es geschafft hatten. Kästner, der bei Schwannecke ein und aus ging, schrieb darüber: „Man kann die Entwicklung eines Berliner Künstlers, Journalisten oder Schriftstellers nicht deutlicher erkennen, als wenn man hört: ,Er geht nicht mehr ins Romanische. Er ist jetzt viel bei Schwannecke.' Diese Feststellung verrät, unausgesprochen, Kontraktabschlüsse, Avancement, Mehreinnahmen, herannahenden Ruhm. Die beiden Lokale liegen keine drei Minuten auseinander. Aber für manchen dauert der Weg von einem zum anderen Jahrzehnte, und die meisten legen ihn nie zurück."

Nach dem Umzug in die Roscherstraße verkehrte der Schriftsteller aber vor allem regelmäßig im Café Leon. Das befand sich am Kurfürstendamm 156 gleich gegenüber dem Universum-Kino, der heutigen Schaubühne, war also von der Roscherstraße schnell zu erreichen. Und es hatte außerdem den Vorteil, dass sich in demselben Gebäude eine Institution befand, für die Kästner Texte schrieb: das Kabarett der Komiker (KadeKo). 1932 trat hier Trude Hesterberg mit einem Kästner-Programm auf. Noch in den späten 1930er Jahren gab es in diesem berühmten Kabarett Programme, in denen sich mutige Künstler über die braunen Machthaber lustig machten. So fragte 1936 Werner Finck von der Bühne herunter an die im Publikum sitzenden Spitzel der Gestapo gewandt: „Kommen Sie noch mit – oder muss ich mitkommen?"

Das Romanische Café, auf diesem Foto von 1932 vom Turm der Kaiser-Wilhelm-Gedächtniskirche aus gesehen. Im „Romanischen" verkehrten Journalisten, Schriftsteller, Regisseure, Schauspieler, Maler – und solche, die sich dafür hielten. Auch Erich Kästner war hier zeitweise Stammgast, hier arbeitete er an seinem Gedichtband „Herz auf Taille". Am Standort des einst so eindrucksvollen zweitürmigen Gebäudes befindet sich heute das Europa-Center.

Das von 1788 bis 1791 erbaute Brandenburger Tor ist nicht nur Berlins Wahrzeichen, im Lauf der Zeit wurde es auch immer wieder zum Schauplatz der Geschichte. Es war aber schon zu Erich Kästners Zeit in Berlin eine der wichtigsten Touristenattraktionen der Stadt. Sicher wird der Dichter, als er seiner Mutter Ende der 1920er Jahre die Hauptstadt zeigte, über die Schloßbrücke gegangen und auf der Straße Unter den Linden flaniert sein. Damals wie heute eröffnet sich von hier aus ein großartiger Blick auf das Bauwerk, das in aller Welt bekannt ist.

Am 13. Januar 1929 schrieb Kästner in der „Neuen Leipziger Zeitung": „Können Sie sich vorstellen, wie das ist: fast jeden Abend ins Theater gehen. Berlin hat etwa dreißig Bühnen. Und wenn jede von ihnen im Monat nur eine Premiere hat, ist schon jeder Abend ausgefüllt. An manchen Tagen verstopft sich das Programm geradezu! Dann liegen für drei und vier Theater Billets auf meinem Schreibtisch, und es bedarf der raffiniertesten telefonischen Manöver, bis alles geregelt ist." Zu den wichtigsten Bühnen, über die er regelmäßig berichtete, gehörte auch das Staatstheater am Gendarmenmarkt. Nach der Kriegszerstörung wurde es zu DDR-Zeiten als Konzerthaus wieder aufgebaut.

Seit Einweihung des neuen Hauptbahnhofs von Berlin auf dem Gelände des alten Lehrter Stadtbahnhofs im Jahr 2006 hat der traditionsreiche Bahnhof Zoo seine Bedeutung als wichtiger Fernbahnhof im Westen Berlins eingebüßt. Erich Kästner wohnte nur unweit entfernt in Charlottenburg. Er benutzte den 1882 eröffneten Bahnhof Zoologischer Garten, wie er offiziell heißt, bei seinen Reisen häufig. Viele seiner Schriftstellerkollegen, die in der NS-Zeit Berlin verließen und ins Exil gingen wie etwa Anna Seghers, nahmen am Bahnhof Zoo Abschied von Deutschland. Kästner kehrte immer wieder hierher zurück.

Kästner war zwar kein
Kirchgänger, aber natürlich
kannte er den wichtigsten
Sakralneubau des wilhelmi-
nischen Berlins noch im
unzerstörten Zustand. Sehr
wahrscheinlich wird er auch
die nach einem eigenwilligen
Entwurf des Architekten
Egon Eiermann wieder auf-
gebaute Kaiser-Wilhelm-
Gedächtniskirche in den
1960er Jahren besichtigt
haben, schon um den außer-
gewöhnlichen Raum zu erleben. Aber die neue Archi-
tektur der geteilten Stadt
dürfte ihm fremd geblieben
sein. Zu sehr unterschied
sich das Berlin der Nach-
kriegszeit von der Stadt,
deren glanzvollste Ära er
Ende der 1920er Jahre noch
miterlebt hatte.

Am Olivaer Platz in der Nähe der Wohnung Erich Kästners, nur unweit vom Kurfürstenplatz entfernt, ist noch etwas von der mondänen Architektur des alten Berlins zu sehen. Hier haben einige Gründerzeitbauten den Bombenkrieg überdauert. Die Häuser mit ihren repräsentativen Fassaden boten den architektonischen Rahmen, in dem der schon berühmte Autor Ende der 1920er und Anfang der 1930er Jahre seine produktivste und wohl auch glücklichste Zeit erlebte.

Am Lehniner Platz, am Ende des Kurfürstendamms, hatte der Architekt Erich Mendelsohn 1928 den auffälligen Gebäudekomplex des Kinos „Universum" errichtet. Darin befand sich auch das legendäre „Kabarett der Komiker", für das Kästner regelmäßig schrieb. Nach der Zerstörung im Krieg neu aufgebaut, wurde das Gebäude zunächst wieder als Kino und Musicaltheater genutzt. Zum modernen Theater umgebaut, ist es seit 1981 in Berlin die Spielstätte der Schaubühne, einer der renommiertesten Bühnen in Deutschland.

Ein Blick in die Roscher-
straße in Berlin. In derselben
Straße, Nummer 16,
bewohnte Erich Kästner seit
1931 den vierten Stock. Das
Gebäude wurde allerdings
in der Nacht vom
15. zum 16. Februar 1944
zerstört. An der gediegenen
Atmosphäre dieses vorneh-
men Viertels unweit des
Kurfürstendamms hat sich
aber bis heute nichts
geändert.

Hitler hatte die Reichstagswahl gewonnen und ließ sich am 30. Januar 1933 von Hindenburg zum Reichskanzler ernennen. Die SA marschierte mit Fackelzügen durchs Brandenburger Tor, die Nazis feierten ihren Triumph. Am 27. Februar brannte der Berliner Reichstag, was von den Nazis als Auftakt für die erste große Terror- und Verfolgungsaktion genutzt wurde. Angeblich hatte der Holländer und ehemalige Kommunist Marinus van der Lubbe dieses eigentliche Symbol der Demokratie angezündet. Nun wurden aber nicht nur Kommunisten, sondern auch Juden, Sozialdemokraten, Gewerkschafter und Intellektuelle verhaftet, eingesperrt, gefoltert und oft auch ermordet. Was sich hier abspielte, war für linke Schriftsteller lebensgefährlich: Bertolt Brecht, Heinrich Mann, Anna Seghers und andere emigrierten. Carl v. Ossietzky, der Herausgeber der „Weltbühne", wurde in die Konzentrationslager Sonnenburg und Esterwegen deportiert und dort misshandelt.

Erich Kästner beobachtete das alles fassungslos. Er saß in seiner komfortablen Wohnung in der Roscherstraße, las die Zeitungen, in denen das „Dritte Reich" gefeiert und die Abrechnung mit den Juden und allen Gegnern Hitlers angekündigt wurde, aber er packte nicht die Koffer, rief kein Taxi, das ihn zum Bahnhof Zoo bringen sollte, bestieg keinen D-Zug nach Paris oder Kopenhagen. Kästner blieb in Berlin, das beinahe über Nacht aufgehört hatte, seine Stadt zu sein. Als er dann doch einen Zug bestieg, war es keine Fahrt ins Exil, sondern eine Urlaubsfahrt nach Meran in Südtirol. In Zürich traf er die ersten deutschen Exilanten, die nicht verstehen konnten, warum ausgerechnet Erich Kästner in Berlin blieb. Es gab heftige Diskussionen mit Anna Seghers und seinem Freund Hermann Kesten. Er war natürlich kein Nazi und wollte sich den braunen Machthabern auch nicht andienen, aber er beharrte darauf, in Deutschland bleiben zu müssen. „Ein Schriftsteller will und muss erleben, wie das Volk, zu dem er gehört, in schlimmen Zeiten sein Schicksal erträgt", meinte Kästner und stieß mit

dieser Haltung bei seinen Freunden auf völliges Unverständnis. Am 27. März schrieb er seiner Mutter aus Meran: „Mein liebes, gutes, besorgtes Muttchen Du! Vielen Dank für deinen Brief und die Karte. Also, mit dem Draußenbleiben, das kommt gar nicht in Frage. Ich hab ein gutes Gewissen, und ich würde mir später den Vorwurf der Feigheit machen. Das geht nicht. Außerdem bekommt mir das Fortsein immer nur ein paar Wochen. Milliardonen Gr. u. Küsschen von Deinem ollen Jungen."

Sich in einer gewissenlosen Zeit auf sein gutes Gewissen zu berufen, das war schon bemerkenswert mutig. Naiv war Erich Kästner nicht, er blieb, obwohl er ahnte, was in Deutschland passieren würde. Hermann Kesten gestand er, dass es vor allem die Verantwortung gegenüber den Eltern in Dresden war, die ihn davon abhielt zu emigrieren. Wusste er damals schon, dass er nach der Rassendefinition der Nazis ein „Halbjude" war? Eines steht jedenfalls fest: Wenn den NS-Machthabern bekannt gewesen wäre, dass nicht Emil Kästner, sondern der Dresdner Arzt Dr. Emil Zimmermann, ein Jude, der leibliche Vater des Schriftstellers ist, Kästner hätte keine Chance gehabt, das „Dritte Reich" in Deutschland zu überleben.

Warum Erich Kästner wieder nach Berlin fuhr, hat er in einem anrührenden Gedicht begründet:

„Ich bin ein Deutscher aus Dresden in Sachsen. / Mich lässt die Heimat nicht fort. / Ich bin wie ein Baum, der, in Deutschland gewachsen, / wenn's sein muss in Deutschland verdorrt."

Am Abend des 10. Mai 1933 wurde der Schriftsteller persönlich Zeuge, wie seine Bücher, „Fabian" und die Gedichtbände, verbrannt wurden. Er stand unerkannt auf dem Berliner Opernplatz, auf dem nationalsozialistische Studenten einen Scheiterhaufen errichtet hatten. Sie hatten zuvor der deutschen und der Weltliteratur den Prozess gemacht, einen kurzen Prozess, an dessen Ende nun der Flammentod stand. Kästner hörte die „Feuerrede" von Joseph Goebbels und hörte auch seinen Namen: „Gegen Dekadenz und moralischen Zerfall. Für Zucht und Sitte in Familie und Staat! Ich übergebe dem Feuer die Schriften von Heinrich Mann, Ernst Glaeser, Erich Kästner."

Im Jahr 1946 erinnert sich der Autor in dem Text „Bei Verbrennung meiner Bücher" an diese gespenstische Situation, die um ein Haar zu einer ganz unmittelbaren Bedrohung für ihn geworden wäre: „Ich stand vor der Universität, eingekeilt zwischen Studenten in SA-Uniform, den Blüten der Nation, sah unsere Bücher in die zuckenden Flammen fliegen und hörte die schmalzigen Tiraden des kleinen abgefeimten Lügners. Begräbniswetter hing über der Stadt ... Plötzlich rief eine schrille Frauenstimme: ‚Dort steht ja Kästner!' Eine junge Kabarettistin, die sich mit einem Kollegen durch die Menge zwängte, hatte mich stehen sehen und ihrer Verblüffung übertrieben laut Ausdruck verliehen."

Kästner hatte Glück, in dieser Nacht geschah ihm nichts. Und auch sonst geschah ihm vergleichsweise wenig. Er war zwar schon im Dezember 1933 verhaftet und verhört worden, weil die Behörden geglaubt hatten, er wolle

Ein Fackelzug der SA am Brandenburger Tor, mit dem Hitler seinen Machtantritt am 30. Januar 1933 feierte. Für fast alle demokratischen und linken Schriftsteller und Künstler stand fest, dass sie Deutschland verlassen würden. Kästner gehörte zu den wenigen, die dennoch blieben und somit in die „innere Emigration" gingen.

emigrieren, doch dann ließen sie ihn wieder laufen. Zwar wurden fast alle seine Bücher aus den Buchhandlungen und Bibliotheken entfernt, und als Journalist konnte er auch nicht mehr arbeiten. Aber sein „Emil" wurde weiterhin verkauft, gelesen und von den Kindern geliebt, auch wenn sie nun Pimpf- und HJ-Uniformen trugen. Wahrscheinlich war es die weltweite Popularität des „Emil", die seinen Schöpfer vor größeren Repressalien bewahrte. Im Dezember 1933 erschien mit „Das fliegende Klassenzimmer" eines seiner besten Kinderbücher. Es wurde wieder ein Riesenerfolg, allein 17 Exemplare in einem einzigen Schaufenster einer Berliner Buchhandlung konnte der stolze Autor zählen.

Obwohl er sich bemühte, so unpolitisch wie möglich zu sein, schien er als Schriftsteller keine Perspektive in Nazi-Deutschland zu haben. Denn wer hier als Autor arbeiten wollte, musste Mitglied der Reichsschrifttumskammer sein. Kästner stellte einen Antrag, der geprüft und abgelehnt wurde. Als Grund gaben die Funktionäre seine „kulturbolschewistische Haltung im Schrifttum vor 1933" an. Allerdings konnte er zunächst noch unpolitische Literatur im Ausland publizieren. So erschien 1934 in der Schweiz sein Unterhaltungsroman „Drei Männer im Schnee", der bald auch in deutschen Buchhandlungen auslag und ein großer Erfolg wurde.

In der Biografie von Isa Schikorsky heißt es: „Kästner bemüht sich, weiterhin optimistisch und gelassen zu erscheinen, vor allem in den Briefen an die Mutter. Er verkehrt weiter im Café Leon und in den kleinen Nachtbars rund um den Kurfürstendamm, geht ins Theater, Kabarett und Kino, pflegt Liebesverhältnisse mit Schauspielerinnen, fährt regelmäßig in den Winterurlaub und widmet sich mit Begeisterung und Ausdauer seinem neuen Hobby, dem Tennisspiel. In seiner Wohngegend fällt es leichter als an jeder anderen Stelle des Reiches, die politische Situation auszublenden. Hier, wo viele ausländische Journalisten und Diplomaten verkehren, möchte der totalitäre Staat liberal und weltläufig wirken."

Kästner schrieb weiter Kinderbücher wie „Emil und die drei Zwillinge" (1935) und veröffentlichte 1936 mit „Doktor Erich Kästners Lyrische Hausapotheke" einen Gedichtband, der allerdings nur unverfängliche Texte enthielt, die private Probleme thematisierten. Doch ignorieren ließ sich das „Dritte Reich" nicht: Kästner wurde mehrfach verhaftet und verhört, er wurde fast ständig bespitzelt.

Wozu das Regime fähig war, erlebte er in den frühen Morgenstunden des 10. November 1938, als er mit dem Taxi gegen drei Uhr morgens die Tauentzienstraße entlangfuhr und auf beiden Seiten hörte, wie Schaufensterscheiben zersplitterten: „Es klang, als würden Dutzende von Waggons voller Glas umgekippt. Ich blickte aus dem Taxi und sah, links wie rechts, vor etwa jedem fünften Haus einen Mann stehen, der, mächtig ausholend, mit einer langen Eisenstange ein Schaufenster einschlug. War das besorgt, schritt er gemessen zum nächsten Laden und widmete sich, mit gelassener Kraft, dessen noch intakten Scheiben." (aus: „Die Nacht der Scherben")

Dass Kästner nicht zur Wehrmacht eingezogen werden konnte, „verdankte" er dem verhassten Dresdner Sergeanten Waurich, der ihm schon als Rekruten die Gesundheit ruiniert hatte. Längst war wieder Krieg, und Juden durften schon lange nicht mehr ins Kino gehen, als 1943 ein Film Premiere hatte, mit dem das 25-jährige Bestehen der Ufa-Studios gefeiert werden sollte. Das

Budget von 6,5 Millionen Reichsmark war enorm, und in der Titelrolle des Barons Münchhausen war Hans Albers zu sehen, ein Superstar jener Zeit. Zu den Besonderheiten dieses in damals hochmodernem Agfacolor gedrehten Films gehört aber der Umstand, dass das Drehbuch maßgeblich von einem gewissen Berthold Bürger verfasst wurde. Der Name erschien nicht im Vorspann, denn Erich Kästner verwendete ihn als Pseudonym, da er in Deutschland bereits seit 1936 mit absolutem Publikationsverbot belegt war. Nicht einmal der „Emil" durfte mehr gedruckt und verkauft werden. Die Restexemplare beschlagnahmte die Gestapo.

Die Ausnahmegenehmigung für die Arbeit an Filmdrehbüchern, die Goebbels persönlich veranlasst hatte, wurde aber schnell wieder rückgängig

Eine gespenstische Szene, die an ein mittelalterliches Ritual erinnert: Am 10. Mai 1933 verbrannten Nazi-Studenten die Bücher missliebiger Autoren auf dem Berliner Opernplatz. Erich Kästner war Zeuge und musste erleben, wie auch seine Bücher in Flammen aufgingen.

gemacht. Von Januar 1943 an durfte Kästner überhaupt nicht mehr publizieren, nicht einmal mehr im Ausland.

Kästner schrieb aber Tagebuch, beobachtete den immer schlimmer werdenden Kriegsalltag und war über viele NS-Verbrechen informiert, von denen die meisten „Volksgenossen" später nie etwas gehört haben wollten. Am 18. Februar 1943 schrieb er: „Von den Judenerschießungen im Osten erzählt jemand, daß vorher ein SS-Mann mit einem Pappkarton von einem zum anderen geht und ihnen Ringe und Ohrringe abzieht." Und unter dem Datum vom 11. März 1943 erwähnte er „die Restabholung der Berliner Juden, darunter Lastwagen voller Kinder zwischen drei und sechs Jahren".

Seit 1940 fielen Bomben auf Berlin. Am 15. Februar 1944 traf es auch das Gartenhaus auf der Roscherstraße 16. In

Den Unterhaltungsroman „Drei Männer im Schnee" konnte Erich Kästner 1934 schon nicht mehr in Deutschland, dafür aber in der Schweiz publizieren. Das Buch des nach wie vor populären Autors wurde zunächst auch in deutschen Buchhandlungen verkauft.

der „Neuen Zeitung" erinnerte sich Kästner drei Jahre später: „Ein paar Kanister ‚via airmail' eingeführten Phosphors aufs Dach und es ging wie das Brezelbacken. Geschwindigkeit ist keine Hexerei. Dreitausend Bücher, acht Anzüge, einige Manuskripte, sämtliche Möbel, zwei Schreibmaschinen, Erinnerungen in jeder Größe und mancher Haarfarbe, die Koffer, die Hüte, die Leitzordner, die knochenharte Dauerwurst in der Speisekammer, die Zahnbürste, die Chrysanthemen in der Vase und das Telegramm auf dem Tisch: ‚ankomme 16. früh anhalter bahnhof bringe weil paketsperre frische wäsche persönlich muttchen'."

Als die Mutter in Berlin mit der frischen Wäsche aus Dresden eintraf, hatte der Sohn fast seinen gesamten Besitz verloren. Er zog nun zu Luiselotte Enderle, die er noch aus Leipziger Tagen kannte, in die Sybelstraße und hoffte, dass der Krieg möglichst schnell vorbei sein würde. Ein Jahr nach der eigenen Ausbombung saß er am 13. Februar in einem Berliner Luftschutzkeller und notierte zwei Tage später: „Heute Mittag der vierte Luftangriff auf Sachsens Mitte, besonders auf Dresden. Wir mußten, weil ein Teil der Flugzeuge nördlich abschwenkte, auch in den Keller. Zu denken, daß die beiden alten Leute womöglich ohne Wohnung im Keller hocken, daß die Mama die beiden Manuskripttaschen trotz Tod und Teufel eisern umklammert hält, macht mich geradezu krank."

Als sich dann die russischen Truppen Berlin gefährlich näherten, erwies sich für Erich Kästner wieder einmal, wie wichtig es war, gute Kontakte zu haben. Alte Freunde bei der Ufa, bei der Luiselotte Enderle inzwischen als Dramaturgin arbeitete, nahmen ihn in ein 60-köpfiges Filmteam auf, das Berlin verließ, um angeblich im Zillertal den Film „Das verlorene Gesicht" zu drehen. Das Ende des verlorenen Krieges erlebte Erich Kästner im friedlichen Mayrhofen in Österreich.

Sein Berlin war in der Nazi-Zeit und unter den Bomben der Alliierten untergegangen: Verschwunden war nicht nur seine Wohnung in der Roscherstraße, auch das Romanische Café, Schwanneckes Weinstuben und das Café Leon gab es nicht mehr. Die Häuser am Nollendorfplatz und die meisten anderen Schauplätze aus dem „Emil" waren nun

ebenso Ruinen wie die einst prächtigen Gebäude am großstädtischen Potsdamer Platz, der dann jahrzehntelang Niemandsland werden sollte. Auf dem heutigen Potsdamer Platz würde sich Erich Kästner angesichts Sony-Center, IMAX-Kino und Musicaltheater wohl sehr fremd vorkommen, denn außer dem berühmten Namen erinnert nichts mehr an die Großstadtatmosphäre der 1920er Jahre, die ihm so vertraut war.

Hans Albers in einer der bekanntesten Szenen des Ufa-Films „Münchhausen". Mit persönlicher Genehmigung vom Leiter des Reichsministeriums für Volksaufklärung und Propaganda Joseph Goebbels hatte Kästner 1942 das Drehbuch unter dem Pseudonym Berthold Bürger für dieses kulturelle Prestigeprojekt der Nazis geliefert.

Auch die prächtigen Geschäfts- und Wohnhäuser am Berliner Kurfürstendamm wurden von Bomben getroffen. Beim Angriff vom 23. November 1943 gingen die Kaiser-Wilhelm-Gedächtniskirche, der Gloriapalast, das Romanische Café sowie viele der benachbarten Gebäude verloren. Tags darauf stürzte ein amerikanisches Flugzeug in den Lichthof des KaDeWe, das daraufhin in Flammen aufging.

Der israelische Künstler Micha Ullman schuf 1995 ein Mahnmal, das am Berliner Bebelplatz, dem früheren Opernplatz, an die Bücherverbrennung von 1933 erinnert. Eine Glasplatte gibt den Blick auf eine unterirdische Bibliothek frei, in deren leere Regale die rund 30 000 Bücher von Hunderten von Autoren passen würden, die die Nationalsozialisten am 10. Mai 1933 hier verbrannten. Daneben ist die Bronzeplatte mit dem Zitat Heinrich Heines – „Das war ein Vorspiel nur, dort wo man Bücher verbrennt, verbrennt man am Ende auch Menschen" – zu sehen.

N DER MITTE DIESES PLATZES
VERBRANNTEN AM 10. MAI 1933
NATIONALSOZIALISTISCHE STU-
DENTEN DIE WERKE HUNDERTER
FREIER SCHRIFTSTELLER, PUBLI-
ZISTEN, PHILOSOPHEN UND WIS-
SENSCHAFTLER

ON MICHA ULLMAN
OM 10. MAI 1933"
GEBAUT 1994/95

Kriegsende in der Idylle: Kein Kanonendonner, keine Trümmer, keine marodierenden Soldaten, keine Vergewaltigungen. Beinahe über Nacht gab es keine Nazis mehr, sondern nur noch Menschen, die in der Nazi-Zeit gelitten hatten. Das Ufa-Filmteam passte sich der neuen Zeit ebenso schnell an wie die Bevölkerung von Mayrhofen. Kästner, der seine Beobachtungen in dem Tagebuch „Notabene 45" festhielt, musste amerikanischen Offizieren erklären, dass er als Schriftsteller im Dritten Reich überlebt hatte, ohne Nazi geworden zu sein. „Wer eine Tragödie überlebt hat, ist nicht ihr Held gewesen" – getreu diesem Aphorismus des polnischen Lyrikers Stanisław Jerzy Lec konnten sich die meisten der Emigranten nicht vorstellen, dass es möglich gewesen war, dageblieben zu sein, ohne Schuld auf sich zu laden. Der Schrift-

steller Peter de Mendelssohn, 1908 in München geboren, aber in der Gartenstadt Hellerau nur wenige Kilometer von Kästners Dresdner Kindheitsrevier entfernt aufgewachsen, hatte aufgrund seiner jüdischen Herkunft 1933 emigrieren müssen. Am 30. Juni 1945 saß der Emigrant dem „inneren Emigranten" Erich Kästner als britischer Offizier gegenüber und fragte ihn, ob er an einer Zeitung mitarbeiten wolle, die demnächst in München erscheinen werde. Kästner hatte lange gezögert, nach München zu gehen, wahrscheinlich spielte er auch mit dem Gedanken, wie Bertolt Brecht oder Anna Seghers, in die sowjetische Zone zu wechseln – nicht aus politischer Überzeugung, sondern vor allem, um der Mutter in Dresden nahe sein zu können. Schließlich entschied er sich doch für München und bezog gemeinsam mit Luiselotte Enderle ein Zimmer im Parterre der Pension Dollmann in der Thierschstraße 49. In der ersten Ausgabe der von den amerikanischen Besatzungsbehörden herausgegebenen „Neuen Zeitung" schrieb Kästner am 18. Oktober 1945:

„Das schmale Pensionszimmer, in dem ich augenblicklich kampiere, steckt schon am frühen Morgen voller Menschen. Alte Freunde und neue Bekannte teilen sich in den Genuß, mir beim Waschen, bei der Zahnpflege und beim Rasieren zuzusehen."
Die „Neue Zeitung" sollte der Reeducation, der „Umerziehung" der Deutschen, dienen – ein Ziel, dem sich auch Kästner voll und ganz verpflichtet sah.

Auch München, die Stadt, die nach dem Zweiten Weltkrieg zu Kästners Heimat wurde, lag in Trümmern. Im Hintergrund rechts sind die beiden markanten Türme der Frauenkirche zu sehen.

Pinguin ist mein Name! Ich rede, wie mir der Schnabel gewachsen ist. Ich lache, wie es mir gefällt. Ich will mich anfreunden mit all denen, die jung sind und sich jung fühlen. Ich liebe das Leben und alles, was lebendig ist. Ich hasse das Abgelebte und Verstaubte, den Spießbürger und den Schnüffler. Ich freue mich an der Schönheit der weiten Welt, an den Wundern der Natur und den Schöpfungen der großen Künstler. Ich habe ein offenes Ohr für die Klagen der Bedrückten, und mein Herz schlägt mit Allen, die guten Willens sind. Ich will Euch begeistern für all das, was wir tun können, um uns selbst ein besseres Leben zu schaffen.
(Zeichnung: Lex von Malachowsky)

Allerdings nutzte er seine publizistischen Möglichkeiten ebenso, gegen die vom schweizerischen Psychologen und Psychiater C. G. Jung formulierte These der Kollektivschuld anzuschreiben, und er scheute sich auch nicht, sich in dieser Frage mit Thomas Mann anzulegen. Die Vorwürfe einiger Emigranten verletzten Kästner tief, auch daraus mag sich der Ton seiner Rechtfertigungen erklären, bei denen ein gewisses Maß an Selbstgerechtigkeit nicht zu überhören ist.

Trotzdem schaute Kästner 1945 nach vorn, arbeitete als Feuilletonchef, ab 1946 als freier Journalist der vom jüdischen Emigranten Hans Habe geleiteten „Neuen Zeitung", verfasste Texte für das neu gegründete Münchner Kabarett „Die Schaubude", schrieb für den Rundfunk und gab die Kinder- und Jugendzeitschrift „Pinguin" heraus.

„Pinguin ist mein Name! Ich rede, wie mir der Schnabel gewachsen ist. Ich lache, wie es mir gefällt. Ich will mich anfreunden mit all denen, die jung sind und sich jung fühlen. Ich liebe das

Ein Neuanfang: Die erste Nummer von Kästners Kinderzeitschrift „Pinguin", die im Januar 1946 erschien. Auch nach dem Krieg waren Kinder für den Schriftsteller ein besonders wichtiges Publikum.

Leben und alles, was lebendig ist. Ich hasse das Abgelebte und Verstaubte, den Spießbürger und den Schnüffler ... Ich will Euch begeistern für all das, was wir tun können, um uns selbst ein besseres Leben zu schaffen." Dieses Entree, das Kästner 1946 für den „Pinguin" formulierte, macht das pädagogische Anliegen deutlich, das der prominente Schriftsteller in der Nachkriegszeit verfolgte. Der „Emil" hatte ihn weltberühmt gemacht, und Kinder sollten auch jetzt sein wichtigstes Publikum bleiben. „Das doppelte Lottchen", dessen Manuskript zumindest teilweise schon zu Beginn der 1940er Jahre entstanden war, erschien 1949. Diese Zwillingsgeschichte – ein Motiv, das Kästner mehrfach verwendet hat – wurde erneut ein riesiger Erfolg. Dass auch die zahlreichen Verfilmungen seiner Kinderbücher Kassenschlager wurden, war allerdings nicht nur der Bekanntheit der literarischen Vorlagen geschuldet. Die humorvolle Art seiner Geschichten, in der die kriselnde Welt am Ende stets wieder ins Lot gebracht wurde, passte bestens in die Wirtschaftswunderzeit. Seine Bücher unterscheiden sich dennoch von den seichten Plots der üblichen Kinderbücher aus den 1950er Jahren, denn die Kästner'schen Figuren kommen nicht nur oft aus problematischen Familienverhältnissen, sie verhalten sich auch unkonventionell und couragiert.

Mit der 1949 erschienenen „Konferenz der Tiere" entwarf Kästner die wunderbare Utopie einer friedlichen Welt, in der die Tiere für das Recht der Kinder auf Frieden und Humanität kämpfen und die Erwachsenen schließlich zur Vernunft bringen, sodass „der ewige Friedensvertrag" unterzeichnet werden kann. Die Realität sah freilich ganz anders aus. Schon kurz nach Kriegsende entwickelte sich der Kalte Krieg. Dieses Mal wollte Kästner kein Zuschauer mehr sein, er mischte sich fortan in die politischen Auseinandersetzungen ein. Der Autor, der 1951 zum Präsidenten des westdeutschen PEN-Zentrums gewählt wurde, fühlte sich durch die restaurativen Tendenzen der frühen Bundesrepublik persönlich herausgefordert. Er engagierte sich gegen die Wiederbewaffnung und er gehörte zu jenen, die sich an den Ostermärschen gegen eine atomare Aufrüstung beteiligten.

Nach dem Ende der NS-Zeit durfte Kästner wieder in Deutschland publizieren und arbeiten. Das Bild zeigt ihn 1945 gemeinsam mit seiner Mitarbeiterin (und Lebenspartnerin) Luiselotte Enderle in München in der Feuilletonredaktion der „Neuen Zeitung".

Während der NS-Zeit ursprünglich als Filmdrehbuch begonnen, erschien „Das doppelte Lottchen" 1949 als Roman für Kinder – und wurde ein Riesenerfolg. Dass der Stoff noch heute zeitgemäß ist, beweisen unter anderem die Verfilmung von Joseph Vilsmaier (1993) und die Zeichentrick-Version von Michael Schaack (2007) sowie die zahlreichen Auflagen, die dieses Buch erlebt hat.

Der schriftstellerische Erfolg in der Nachkriegszeit erlaubte dem Autor ein Leben, das von gediegenem Wohlstand geprägt war. Gemeinsam mit Luiselotte Enderle bezog er schon 1946 eine ansprechende Wohnung in der Fuchsstraße in Schwabing. 1953 mietete das Paar ein für damalige Verhältnisse durchaus luxuriöses Reihenhaus in der Flemingstraße am Herzogpark.

Doch da war die Mutter, die auf dieses sichtbare Zeichen des sozialen Aufstiegs bestimmt sehr stolz gewesen wäre, schon zwei Jahre tot. Bereits 1947 hatten Kästners Eltern ihre Wohnung auf der Königsbrücker Straße aufgeben und in die Berner Straße 7 umziehen müssen. Diese lag zumindest nur unweit von dem Sanatorium entfernt, wo die geistig verwirrte alte Frau ihre letzte Lebenszeit verbrachte. Emil Kästner, der ungeliebte Ehemann, versorgte sie bis zu ihrem Tod aufopferungsvoll. Am 5. Mai 1951 schickte er ein Telegramm nach München: „Muttchen verstorben. Komme sofort – Dein Vater." Mit der Mutter verlor Erich Kästner seine wichtigste Bezugsperson und wahrscheinlich den einzigen Menschen, zu dem eine tiefe und dauerhafte innere Bindung bestand. Aber gerade diese Mutter-Sohn-Beziehung hatte sich in ihrer Intensität und Ausschließlichkeit als außerordentlich problematisch erwiesen. Nun nahm Kästner auf dem Dresdner St.-Pauli-Friedhof Abschied von dem Menschen, der ihm so nahe gestanden hatte wie kein anderer.

Ihm blieb noch sein Vater Emil Kästner, der den Sohn später im Haus in der Flemingstraße sogar einmal besuchte: 1956 hatte Erich ihn nach München eingeladen. Bald darauf, zu Silvester 1957, starb er in Dresden. Er wurde neben seiner Frau auf dem St.-Pauli-Friedhof beerdigt, wo sich das Grab der Eltern bis heute befindet.

Über Kästners Leben auf der Münchner Flemingstraße heißt es in der Biografie von Isa Schikorsky: „Zwischen weiß-goldenen Empiremöbeln tummeln sich Katzen: die kleine Anna, der dicke Butschi, die Perserdame Lollo und die elegante Pola. Besucher wundern sich über den unbequemen Arbeitsplatz des Hausherrn. Sitzt er vor seiner kleinen Reiseschreibmaschine, die auf der marmornen Fensterbank steht, stößt er sich die Knie an dem Bücherregal darunter. Dafür kann er von dort die Aussicht in seinen halbverwilderten Garten mit Blumenwiese, Obstbäumen und Gemüsebeeten genießen."

Kästner war zwar als westdeutscher PEN-Präsident und ab 1965 als Ehrenvorsitzender Repräsentant der deutschen Autoren, sieht man von seinen Kinderbüchern ab, hat er die deutsche Nachkriegsliteratur jedoch nicht nachhaltig beeinflusst und geprägt. An die enorme künstlerische Kraft und Kreativität der Weimarer Jahre konnte er nicht mehr anknüpfen. Er wurde geschätzt und hoch geehrt, erhielt zahlreiche Auszeichnungen – vom Bundes-

Erich Kästner mit Luiselotte Enderle Anfang der 1950er Jahre. Kästner war nun wieder ein prominenter Autor, dem es auch wirtschaftlich sehr gut ging.

filmpreis für „Das doppelte Lottchen" (1950) über den Georg-Büchner-Preis (1957) bis zum Bundesverdienstkreuz (1959) –, trat mit großem Erfolg bei Lesungen auf und engagierte sich unter anderem für die Gründung der Internationalen Jugendbibliothek München. Wenn er zu Lesungen erschien, waren die Säle überfüllt. Wer ein Autogramm des berühmten Autors haben wollte, musste meist Schlange stehen.

Geheiratet hat Kästner niemals, obwohl es im fortgeschrittenen Alter noch einmal so aussah, als würde er eine Familie gründen. 1949 – der Autor war im 50. Lebensjahr – lernte er die damals nicht einmal halb so alte Friedel Siebert kennen. Die Beziehung zwischen dem ungleichen Paar währte 20 Jahre. 1957, zwei Wochen vor Emil Kästners Tod, wurde Thomas Siebert geboren, der seit 1964 den Nachnamen des Vaters trägt. Bereits 1931 hatte Kästner in einem Gedicht geschrieben:

Dieses Foto wurde 1955 bei einer Präsidiumssitzung des deutschen PEN-Zentrums aufgenommen. Zu sehen sind die Schriftsteller Hermann Kasack, Kasimir Edschmid, Erich Kästner und Walter Schmiele (von links).

Ich möchte endlich einen Jungen haben,
so klug und stark, wie Kinder heute sind.
Nur etwas fehlt mir noch zu diesem Knaben.
Mir fehlt nur noch die Mutter zu dem Kind.

Der Wunsch nach dem Sohn wurde Kästner erfüllt. Ihm widmete er die Kinderbücher „Der kleine Mann" (1963) und „Der kleine Mann und die kleine Miss" (1967), die auf Gutenachtgeschichten beruhen, die der Vater dem Sohn erzählt hat. Aber die Dreiecksbeziehung zwischen Kästner, Luiselotte Enderle – das Verhältnis zu ihr brach er keineswegs ab – und Friedel Siebert ging nicht gut. Kästner wollte und konnte sich nicht entscheiden, sondern einfach nur zu dritt harmonisch leben – ein Wunsch, der zwangsläufig unerfüllt bleiben musste. Schließlich entschied er sich doch für das Leben mit Luiselotte Enderle, der er erst drei Jahre nach Thomas' Geburt seine Vaterschaft gestanden hatte.

Seit er bei einer Lesereise nach Wien 1961 einen schweren Ischias-Anfall erlitten hatte, verschlimmerte sich Erich Kästners Gesundheitszustand immer mehr. In einer Münchner Klinik diagnostizierten die Ärzte Tuberkulose. Von nun an musste er sich immer wieder für längere Zeit in Sanatorien erholen. Die Aufenthalte in Agra am Luganer See taten dem Schriftsteller zwar gut, sodass er tatsächlich etwas gesunden konnte. Doch eine dauerhafte Genesung war schon deshalb nicht möglich, weil er weder das Rauchen noch das Trinken aufzugeben bereit war. Dank seiner Prominenz, aber auch dank großzügiger Trinkgelder und nicht zuletzt auch dank seiner charmanten Art gelang es dem Alkoholkranken immer wieder, Helfer zu finden, die ihm Bierkästen aufs Zimmer schmuggelten oder Whisky im Teeglas servierten.

In den 1960er Jahren nahm der körperliche Verfall unaufhaltsam zu. Nun musste Kästner auch das geliebte Tennisspielen aufgeben. Und eines Tages blieb auch sein Stammplatz im Münchner Restaurant Leopold leer.

Man wird älter. Es ergibt sich.
Kürzlich Sechzig. Diesmal Siebzig.
Kurzes Zögern, und man macht sich
auf den Weg in Richtung Achtzig ...

Den Weg, den er in dieser Gedichtzeile zum 70. Geburtstag erwähnt, hat er nicht mehr bis zu Ende gehen können. Seinen 75. Geburtstag feierte er im Februar 1974 nur noch im engsten Kreis. Bilder aus dieser Zeit zeigen einen schwerkranken Mann, der müde und resigniert wirkt. Fortan verließ Kästner kaum noch das Haus, hatte keinen Appetit mehr und klagte über Mattigkeit und Schluckbeschwerden. Die Diagnose, die die Ärzte ihm im Frühjahr 1974 stellten, konnte kaum überraschen: Speiseröhrenkrebs. Eine Behandlung im Krankenhaus lehnte Kästner ab. Am 25. Juli musste er dann doch noch in die Klinik München-Neuperlach gebracht werden, wo er am 29. Juli starb. Neben den Geburtshäusern hatte man im 20. Jahrhundert auch die Sterbehäuser abgeschafft. Beigesetzt wurde Erich Kästner auf dem Friedhof St. Georg in München-Bogenhausen. In dem Grab (Mauer rechts, Nummer 4a), das sich auch heute noch dort befindet, ist auch seine langjährige Lebensgefährtin Luiselotte Enderle beigesetzt worden. Sie starb am 3. November 1991.

Von schwerer Krankheit
gezeichnet: Dieses Foto entstand im Sommer 1974, kurz
vor Kästners Tod.

An der Alpenidylle von Mayrhofen hat sich bis heute nichts geändert. Man kann sich gut vorstellen, wie das Ufa-Team, das im Frühjahr 1945 aus dem kriegszerstörten Berlin hierher geflohen war, den Frieden und die Stille dieser Landschaft genossen hat. Doch nachdem die Amerikaner hierhergekommen waren, zeichneten sich für Kästner neue Aufgaben ab. Bald verließ er das Dorf, um in München als Journalist zu arbeiten.

Der Münchner Marienplatz mit dem Rathaus und dem Blick auf die Frauenkirche mit ihren markanten Doppeltürmen. Nach Kriegsende lag auch München in Trümmern. Allerdings bemühte man sich beim Wiederaufbau um die Wahrung des gewachsenen Erscheinungsbildes der ehemaligen bayerischen Residenz. Obwohl die Stadtplaner den Erfordernissen des wachsenden Verkehrs Rechnung trugen, behielten sie – anders als etwa in Dresden – die Führung der meisten innerstädtischen Straßenverläufe bei, sodass der historische Grundriss erhalten blieb. Für Erich Kästner wurde München zur neuen Heimat, hier verbrachte er die letzten drei Jahrzehnte seines Lebens.

Das Grab des Dichters auf
dem Friedhof in München-
Bogenhausen wird oft von
Literaturinteressierten und
Kästner-Liebhabern aus aller
Welt besucht. 1991 fand hier
auch Luiselotte Enderle,
Kästners langjährige Lebensgefährtin und Namensgebe-
rin für „Das doppelte Lottchen", ihre letzte Ruhestätte.

„Dresden war eine wunderschöne Stadt", schrieb Erich Kästner 1957. An die jungen Leser seiner Kindheitserinnerungen gewandt, fuhr er aber fort: „Ihr könnt es mir glauben. Und ihr müsst es mir glauben! Keiner von euch, und wenn sein Vater noch so reich wäre, kann mit der Eisenbahn hinfahren, um nachzusehen, ob ich recht habe. Denn die Stadt Dresden gibt es nicht mehr. Sie ist, bis auf einige Reste, vom Erdboden verschwunden. Der Zweite Weltkrieg hat sie in einer einzigen Nacht und mit einer einzigen Handbewegung weggewischt. Jahrhunderte hatten ihre unvergleichliche Schönheit geschaffen. Ein paar Stunden genügten, um sie vom Erdboden fortzuhexen."

Kästners Wiederbegegnung mit der Stadt seiner Kindheit war für ihn ein traumatisches Erlebnis. Nach fast zwei Jahren – zu Weihnachten 1944 war er zum letzten Mal zu Hause gewesen – fuhr er im September 1946 in die nun fast völlig zerstörte Stadt. Die Königsbrücker Straße stand zwar noch, doch als er an der Wohnung der Eltern in der Nummer 38 klingelte, öffnete ihm eine fremde alte Frau. Die Eltern, so erfuhr er von der neuen Untermieterin, hätten den ganzen Tag am Neustädter Bahnhof auf ihn gewartet. Sie hatten sich verfehlt. Kästner ging wieder auf die Straße und sah die Eltern schon von Weitem:

„Sie kamen die Straße, die den Bahndamm entlangführt, so müde daher, so enttäuscht, so klein und gebückt. Der letzte Zug, mit dem ich hätte eintreffen können, war vorüber. Wieder einmal hatten sie umsonst gewartet ... Da begann ich zu rufen. Zu winken. Zu rennen. Und plötzlich, nach einer Sekunde fast tödlichen Erstarrens, beginnen auch meine kleinen, müden, gebückten Eltern zu rufen, zu winken und zu rennen."

Als der Dichter in den nächsten Tagen durch Dresden lief, war das für ihn Trauerarbeit, ein Bewusstwerden des Verlustes. Im November 1946 schrieb er über die abermalige Begegnung mit der verlorenen Stadt seiner Kindheit: „Ich lief einen Tag lang kreuz und quer durch die Stadt, hinter meinen Erinnerungen her. Die Schule? Ausgebrannt ... Das Seminar mit den grauen Internats-

jahren? Eine leere Fassade ... Die Dreikönigskirche, in der ich getauft und konfirmiert wurde? In deren Bäume die Stare im Herbst, von Übungsflügen erschöpft, wie schrill schwarze Wolken herabfielen. Der Turm steht wie ein Riesenbleistift im Leeren ... Das Japanische Palais, in dessen Bibliotheksräumen ich als Doktorand büffelte? Zerstört ... Die Frauenkirche, der alte Wunderbau, wo ich manchmal Motetten mitsang? Ein paar klägliche Mauerreste ... Die Oper? Der Europäische Hof? Das Alberttheater? Kreuzkamm mit den duftenden Weihnachtsstollen? Das Hotel Bellevue? Der Zwinger? Das Heimatmuseum? Und die anderen Erinnerungsstätten, die nur mir etwas bedeutet hätten? Vorbei. Vorbei."

Wer heute Fotos von Dresden aus der unmittelbaren Nachkriegszeit betrachtet, wird Erich Kästners Trauer verstehen können. Und er wird begreifen, dass sich der Dichter auch gar nicht vorstellen konnte, dass „sein Dresden" eines Tages wieder auferstehen könnte. Und was der Dichter bei seinen Besuchen in der Stadt zu sehen bekam, schien seine Erwartungen zu bestätigen. Obwohl man sich schon unmittelbar nach Kriegsende darangemacht hatte, den Zwinger und einige weitere historische Gebäude wiederaufzubauen, ging es der kommunistischen Stadtverwaltung vor allem um die Errichtung einer anderen, einer neuen, sozialistischen Stadt. „Dresden schöner denn je" war das Motto einer Baupolitik, die gewachsenen Stadtraum willkürlich

veränderte, Aufmarschplätze schuf und die Ruinen bedeutender Bauwerke wie etwa der gotischen Sophienkirche in die Luft sprengte. Der Wiederaufbau war – wie der Architekt und Bauhistoriker Matthias Lerm in einer exzellenten Untersuchung darstellte – vor allem ein „Abschied vom alten Dresden".

Bis zum Tod der Mutter im Mai 1951 kehrte Kästner einmal jährlich in seine Heimatstadt zurück. Beim ersten Besuch 1946 versuchte er mit den Eltern, den Trümmern zu entfliehen. So fuhren sie vom Albertplatz mit dem „Hechtwagen" der Straßenbahnlinie 11 zum Weißen Hirsch hinauf, liefen die Plattleite und die Bergbahnstraße entlang und kehrten im Luisenhof ein, der beliebtesten Dresdner Ausflugsgaststätte. Ein damals aufgenommenes Bild des Dresdner Fotografen Fritz Eschen zeigt, wie die wiedervereinigte Familie – der Sohn steht hinter den Eltern, die auf der Aussichtsterrasse Platz genommen haben – ernst und ein wenig müde

Zu Besuch bei den Eltern 1946. Um der traurigen Ruinenatmosphäre zu entkommen, war Kästner mit Mutter und Vater auf den Weißen Hirsch hinaufgefahren, in ein unzerstörtes Villenviertel. Dieses Foto entstand auf der Terrasse des Luisenhofs, einem renommierten Restaurant und Café mit Blick auf die Elbe.

in die Kamera blickt. Von der Aussichtsterrasse konnte man zwar auch die Ruinen der Stadt sehen, aber man musste nur den Kopf ein wenig wenden, und die Welt schien wieder intakt zu sein. Die Villen in Loschwitz und auf dem Weißen Hirsch standen noch und auch die Standseilbahn und die Schwebebahn fuhren so, wie Kästner es seit seiner Kindheit kannte.

Man kann sich gut vorstellen, wie Erich Kästner damals nach Spuren seiner Kindheit gesucht hat, die der Zerstörung nicht anheimgefallen waren. Ganz sicher war er mit den Eltern im Großen Garten, dem Park inmitten der Stadt. Das Palais im Großen Garten, Dresdens frühester Barockbau, war ebenfalls zerstört, aber drei der ursprünglich acht Kavaliershäuschen standen noch am Platz. In einem davon, verriet er in den Kindheitserinnerungen, hätte er als junger Mann fürs Leben gern gewohnt: „Womöglich wirst du eines Tages berühmt, und dann kommt der Bürgermeister, mit seiner goldenen Kette um den Hals, und schenkt es dir, im Namen der Stadt. Da wäre ich dann also mit meiner Bibliothek eingezogen. Morgens hätte ich im Palaiscafé gefrühstückt und die Schwäne gefüttert. Anschließend wäre ich durch die alten Alleen, den blühenden Rhododendronhain und rund um den Carolasee spaziert. Mittags hätte sich der Kavalier zwei Spiegeleier gebraten und anschließend, bei offenem Fenster, ein Schläfchen geleistet. Später wäre ich, nur eben um die Ecke, in den Zoo gegangen. Oder in die Große Blumenausstellung. Oder ins Hygienemuseum. Oder zum Pferderennen nach Reick. Und nachts hätte ich, wieder bei offenem Fenster, herrlich geschlafen. Als einziger Mensch in dem großen, alten Park."

Erich Kästners berühmter Zeitgenosse, der Maler Oskar Kokoschka, genoss Anfang der 1920er Jahre das Privileg, von dem Kästner nur träumen konnte. Er bewohnte mehrere Jahre eines der Kavaliershäuschen. Obwohl Kästner berühmt und in der Dresdner Bevölkerung außerordentlich beliebt war, zum Ehrenbürger der Stadt wurde er nicht ernannt. Die Zeiten waren nicht danach, denn Kästner war kein Kommunist und er lebte in München. Im

Februar 1967 las er im Gobelinsaal des wiederaufgebauten Zwingers aus seinen Kindheitserinnerungen – vielleicht auch die Passage mit den Kavaliershäuschen im Großen Garten. Ganz bestimmt hätte Kästner damals Dresdens größte Säle mühelos füllen können, aber das Publikum zu dieser hoch offiziellen Veranstaltung war handverlesen.

Dass deutsche Geschichte auch einmal gut ausgehen kann, wie sein Schriftstellerkollege Martin Walser es nach der Wiedervereinigung formulierte, konnte sich Erich Kästner wahrscheinlich ebenso wenig vorstellen wie die Tatsache, dass er sich bezüglich seiner Heimatstadt geirrt haben könnte, als er sie für immer verloren gab. Stellen wir uns einmal vor, er würde heute bei guter Gesundheit die Königsbrücker Straße entlangspazieren, vorbei an den drei bis heute erhaltenen Elternhäusern, und vorbei am Albertplatz in die Innere Neustadt laufen und von dort über die Augustusbrücke hinüber zur Altstadt. Gewiss würde ihm zwar manches vertraute Gebäude wie etwa das Alberttheater fehlen, doch er würde wohl vor allem darüber staunen, wie vieles von dem, was er für unrettbar verloren gehalten hatte, heute wieder so selbstverständlich an seinem Platz steht, als wäre es nie anders gewesen. Sicher würden ihm die Augen feucht werden, wenn er dem bronzenen kleinen Jungen auf der Gartenmauer der Villa Augustin gegenüberstünde, dem von Máthyás Varga 1999 geschaffenen Denkmal.

Wahrscheinlich wäre er stolz darauf, dass sich in der Villa der reichen Verwandten heute das Erich Kästner Museum befindet. Und vermutlich würde er über das Kästner-Denkmal mit seinen Büchern, mit Kaffeetasse, Whiskyglas und Hut auf der Nordseite des Platzes schmunzeln.

Die Dreikönigskirche fände er – zumindest äußerlich – ebenso unversehrt wieder wie das Japanische Palais, die Oper, die Frauenkirche oder das Taschenbergpalais. Und sogar die Konditorei Kreuzkamm, deren Namen er im „Fliegenden Klassenzimmer" gleich doppelt verewigt hat, verkauft in ihrem Geschäft am Altmarkt zur Adventszeit wieder ihren duftenden Weihnachtsstollen.

Wenn Kästner seine Kindheitserinnerungen heute noch einmal verfassen könnte, dann würden sich dort vielleicht einige Sätze wie dieser finden: „Ja, Dresden ist wieder eine wunderbare Stadt. Ihr könnt es mir glauben. Aber ihr müsst es mir nicht glauben. Fahrt selbst hin, dann könnt ihr es sehen."

Bei seiner ersten Wiederbegegnung mit Dresden musste Kästner 1946 erkennen, dass es die Stadt seiner Kindheit nicht mehr gab. Das weltberühmte Bild nahm der Fotograf Richard Peter sen. im Herbst 1946 von dem Turm des Neuen Rathauses auf.

1894, fünf Jahre vor Kästners Geburt, erhielt der Albertplatz in Dresdens Neustadt eine neue Gestalt. Damals wurden die von dem Dresdner Bildhauer Robert Diez geschaffenen prächtigen Brunnen „Stilles Wasser" im Osten und „Stürmische Wogen" im Westen des Platzes aufgestellt. Anstelle des „Stürmische Wogen", der sich unweit der Villa Augustin (die Villa des Onkels von Erich Kästner, in der er als Kind viel Zeit verbrachte) befand, errichtete die sowjetische Besatzungsmacht am 25. November 1945 ein Ehrenmal für die Rote Armee. 1994 wurde dies an die Stauffenbergallee versetzt, sodass der Brunnen an seinen alten Standort zurückkehren konnte.

Zerstört und wieder aufgebaut: Ein Blick von der Brühlschen Terrasse auf den Schloßplatz mit der Katholischen Hofkirche, dem Hausmannsturm des Schlosses und dem Georgentor. Ganz links ist eine Ecke des Ständehauses zu sehen, das von 1901 bis 1907 von Paul Wallot, dem Architekten des Berliner Reichstags, anstelle des Palais Brühl, des Fürstenbergschen und des Charonschen Hauses erbaut wurde.

Nachdem der Wiederaufbau der Dresdner Frauenkirche 2005 vollendet wurde, erhält der weltberühmte Sakralbau auch seine historische Umgebung zurück. Große Teile des Neumarktes sind bereits wieder in ihrer ursprünglichen Gestalt rekonstruiert worden. Als Kästner 1946 hierherkam, fand er nur eine Trümmerwüste rings um die riesige Ruine der Frauenkirche.

Diese Marmorgruppe des italienischen Bildhauers Pietro Balestra trägt den Namen „Die Zeit entführt die Schönheit". Sie stand ursprünglich im Garten des Japanischen Palais und wurde erst 1831 in den Großen Garten in Dresden versetzt. Dahinter ist eines der ursprünglich acht Kavaliershäuschen zu sehen, die Kästner so gut gefielen. Fünf davon wurden Mitte der 1950er Jahre wieder aufgebaut.

Ida Kästner wäre unsagbar stolz, wenn sie erfahren würde, dass das Haus des reichen Bruders heute ihrem berühmten Sohn gewidmet ist. In der Villa Augustin am Albertplatz in Dresden Neustadt befindet sich das Erich Kästner Museum. Mit einem innovativen Konzept bietet es vielfältige Möglichkeiten, sich mit dem Leben und Werk des Schriftstellers auseinanderzusetzen.

Ein kleiner Junge sitzt ein wenig versonnen auf der Gartenmauer und beobachtet das bunte Treiben auf dem Albertplatz. So wie Kästner es in seinem Erinnerungsbuch „Als ich ein kleiner Junge war" schildert, so hat ihn der ungarische Bildhauer Máthyás Varga auf der Gartenmauer der Villa Augustin als Bronzefigur verewigt.

Erich Kästner Museum Dresden

Im Jahr 2000, zum 101. Geburtstag des Dichters, wurde das Erich Kästner Museum eröffnet. Es befindet sich im Erdgeschoss der Villa Augustin am Albertplatz. In der Villa, die Kästners reichem Onkel, dem Pferdehändler Franz Augustin, gehörte, war der Dichter als Kind oft und gern zu Gast. Das Museum hat allerdings nicht den Charakter einer konventionellen Gedenkstätte, in der persönliche Einrichtungs- oder Erinnerungsstücke oder der Nachlass präsentiert werden. Hier wird vielmehr das minimalistische Konzept eines „micromuseums" realisiert. Die Idee geht auf den 1962 in Dublin geborenen Architekten Ruairí O'Brien zurück, der eine aus zusammengefügten Modulen bestehende Ausstellungsarchitektur schuf, die die Besucher dazu einlädt, sich interaktiv und eigenständig die einzelnen Aspekte von Kästners Leben, Werk und Rezeption zu erschließen. Dieses bislang einzigartige Konzept, das auch Computerarbeitsplätze mit einschließt, verbindet Literatur, Architektur, Kunst, Kommunikation und Technik; es ermöglicht den Zugriff zu komplexen Inhalten auf äußerst engem Raum. Darüber hinaus veranstaltet das Museum von Zeit zu Zeit Sonderausstellungen und bietet ein umfangreiches Programm mit Lesungen, Diskussionen, Führungen sowie Projekten an, die in Zusammenarbeit mit bildenden Künstlern entstehen. Im Museum befinden sich Teile des Nachlasses, die vom Deutschen Literaturarchiv Marbach leihweise zur Verfügung gestellt werden. Dazu zählen ein Hut und eine Schreibmaschine des Schriftstellers.

Antonstraße 1, 01097 Dresden,
Tel. 0351/804 50 86,
www.erich-kaestner-museum.de
So bis Di 10 bis 18, Mi 10 bis 20 Uhr
S-Bahn Bahnhof Dresden Neustadt,
Straßenbahnen 3, 7, 8, 11 Haltestelle
Albertplatz/Erich Kästner Museum

Kästner-Denkmal Albertplatz, Villa Augustin

Der kleine Junge sitzt, die Arme lässig nach hinten abgestützt, auf der Gartenmauer und schaut ein wenig verträumt auf den Albertplatz. Die lebensgroße Bronzeskulptur, die der ungarische Bildhauer Máthyás Varga 1999 geschaffen hat, ist die wahrscheinlich schönste Hommage an den Dichter Erich Kästner. Sie versetzt ihn zurück in das Reich seiner Kindheit, das ihn lebenslang zu dichterischer Kreativität angeregt hat. In seinem 1957 erschienenen Erinnerungsbuch „Als ich ein kleiner Junge war" beschreibt Kästner, wie wohl er sich im Haus seines Onkels Franz Augustin (dem heutigen Erich Kästner Museum) fühlte, und wie er vom Garten aus das bunte Treiben auf dem Albertplatz beobachtet hatte.

Erich Kästner Gesellschaft München

Im Jahr 1975 gründeten Freunde des Autors, darunter Luiselotte Enderle, in München die Erich Kästner Gesellschaft mit dem Ziel, die Pflege seines Werkes zu fördern und Aktionen, die im Sinne seiner Gedanken liegen, zu unterstützen.

c/o Internationale Jugendbibliothek
Schloss Blutenburg, 81247 München
Tel.: 089/891 21 10
www.erichkaestnergesellschaft.de

Erich-Kästner-Denkmal

An der Nordostecke des Albertplatzes, direkt am Schulweg des Dichters, steht seit 1990 ein Kästner-Denkmal, das der in Radebeul lebende Bildhauer Wolf-Eike Kuntsche bereits 1987 gestaltet hat. Das originelle Kunstwerk zeigt auf einem Kaffeehaustisch einen Stapel, der aus 38 Kästner-Büchern besteht und vom Hut des Dichters bekrönt wird. Kaffeetasse und Whiskyglas sowie ein Exemplar der „Neuen Zeitung", bei der Kästner nach Kriegsende 1945 als Feuilletonchef gearbeitet hat, sowie ein Bildnis des Achtjährigen erinnern an Leben, Lebenswerk und Lebensgewohnheiten des Autors. Hinzu kommen die beiden Zitate: „Und ich selber bin, was sonst ich auch wurde, eines immer geblieben: ein Kind der Königsbrücker Straße." Und: „Es gibt nichts Gutes, außer: Man tut es!"

Hinter dem Denkmal, das mit 1,68 Meter etwa die Größe des körperlich etwas klein geratenen Dichters hat, befand sich ursprünglich das Café „Kästners". Eigentlich schade, dass es seit einem Besitzerwechsel im Frühjahr 2007 nun ebenso schlicht wie einfallslos „Eiscafé am Albertplatz" heißt. Doch die Prognose sei erlaubt: Irgendwann wird man sich auch hier wieder des berühmten Kaffeehausliteraten erinnern und ihm „sein Café" zurückgeben.

Erich Kästner Kinderdorf

Kurz vor seinem Tod im Jahr 1974 gab der Dichter dem im unterfränkischen Mainbernheim gegründeten heilpädagogisch-therapeutischen Kinderheim die Erlaubnis, sich Erich Kästner Kinderdorf zu nennen. Nachdem Kästners Lebensgefährtin Luiselotte Enderle 1991 gestorben war, erbte die Einrichtung, die ihren Hauptsitz in Oberschwarzach hat, das gesamte Inventar des Hauses in der Münchner Flemingstraße 52, in dem Kästner bis zu seinem Tod gelebt hatte. Enderle hatte testamentarisch verfügt, dass das Erbe „zur Pflege des Namens Erich Kästner und zur körperlichen und geistigen Pflege der Kinder des Kinderdorfes" verwendet werden soll. Zu den Erbstücken gehören Kästners Schreibtisch, seine Schreibmaschine sowie seine gesamte Privatbibliothek.

Erich Kästner Kinderdorf e. V.
Steinmühle
97516 Oberschwarzach
Tel. 09382/69 54
www.erich-kaestner-kinderdorf.de

Erich Kästner Bibliothek

Die Erich Kästner Bibliothek ist im Erich Kästner Kinderdorf nach Anmeldung öffentlich zugänglich. Auf der Homepage der Bibliothek heißt es: „Zum Inventar gehörten zahlreiche Dinge, mit denen Erich Kästner und Luiselotte Enderle vor ihrem Tode gelebt und sich liebevoll umgeben hatten. Zum Beispiel Erich Kästners Schreibtisch, seine Brille, seine Schreibmaschine, seine Koffer, sein Hut und vieles, vieles mehr. Das schönste Geschenk waren aber beinahe 10 000 Bücher, die an vielen Stellen mit Notizen Erich Kästners und mit Widmungen anderer großer Schriftsteller wie Carl Zuckmayer oder Wolfgang Borchert versehen waren. Aber nicht nur das fanden wir in den Büchern, sondern auch Einkaufs- und Notizzettel oder kleine Nachrichten, die sich Erich Kästner und Luiselotte Enderle geschrieben hatten."
Die heutige Einrichtung der Bibliothek vermittelt noch etwas von jener Atmosphäre, in der Kästner und Enderle in ihrem Haus auf der Flemingstraße gelebt haben. Insofern ist die Bibliothek zugleich eine Gedenk- und Erinnerungsstätte.

Erich Kästner Kinderdorf e. V.
Steinmühle
97516 Oberschwarzach
Tel. 0 9382/69 54
www.erich-kaestner-bibliothek.de

Deutsches Literaturarchiv Marbach

Der größte Teil des literarischen Nachlasses von Erich Kästner befindet sich heute im Besitz des Deutschen Literaturarchivs Marbach (DLA). Es gehört weltweit zu den bedeutendsten Institutionen seiner Art. Im Mittelpunkt der Sammlungen stehen die Nachlässe von Schriftstellern und Gelehrten des 19. und 20. Jahrhunderts sowie wichtige Verlagsarchive. Die Materialien sind zu Forschungszwecken zugänglich. In der Dauerausstellung des im Juni 2006 eröffneten, zum DLA gehörenden Literaturmuseums der Moderne (LiMo) sind zahlreiche Objekte aus dem Besitz von bedeutenden Dichtern und Gelehrten zu sehen. Darunter befinden sich auch eine 72 Blatt große, mit Stenozeichen versehene Manuskriptfassung von „Emil und die Detektive" und Erich Kästners Aktentasche. Für die Klassenstufen 4 bis 6 bietet das LiMo Sonderführungen unter dem Motto „Erich Kästner im LiMo" an.

Deutsches Literaturarchiv Marbach
DLA
Schillerhöhe
71666 Marbach am Neckar
Tel. des LiMo (07144) 848 600
www.dla-marbach.de

Matthias Gretzschel

geb. 1957, aufgewachsen in Dresden, studierte in Leipzig evangelische Theologie. Nach Promotion als freier Autor und Journalist in Leipzig tätig, seit 1990 Kulturredakteur beim Hamburger Abendblatt. Autor zahlreicher kulturgeschichtlicher Sachbücher und Bildbände. Im Ellert & Richter Verlag sind von ihm die Titel „Dresden", „Die Dresdner Frauenkirche", „Als Dresden im Feuersturm versank", „Elbsandsteingebirge", „Auf Johann Sebastian Bachs Spuren", „Auf den Spuren von Martin Luther", „Goethe in Weimar", „Der Harz" und „Sachsen" lieferbar.

Toma Babovic

geb. 1953 in Verden/Aller, studierte Architektur und Grafikdesign an der Akademie für Künste in Bremen. Seit 1989 freischaffender Fotodesigner in der Hansestadt. Er arbeitet unter anderem für den stern, GEO und Merian. Im Ellert & Richter Verlag erschienen unter anderem seine Bildreisen „Auf den Spuren von Martin Luther", „Auf den Spuren von Ernst Barlach", „Auf den Spuren von Wilhelm Busch", „Goethe in Weimar", „Auf Paula Modersohn-Beckers Spuren", „Schaumburger Land" und „Sachsen".

Literatur

Helga Bemmann: Humor auf Taille. Erich Kästner – Leben und Werk, Berlin 1983

Klaus Doderer: Erich Kästner, München 2002

Luiselotte Enderle: Kästner. Eine Bildbiographie, München 1960

Franz Josef Görtz/Hans Sarkowicz: Erich Kästner. Eine Biographie, München 1998

Matthias Gretzschel/Winfried Werner: Dresden, München 1990

Sven Hanuschek: Erich Kästner, Reinbek 2004

Sven Hanuschek: Keiner blickt dir hinter das Gesicht. Das Leben Erich Kästners, München 1999

Rudolf Walter Leonhardt: Kästner für Erwachsene, Frankfurt am Main

Isa Schikorsky: Erich Kästner, München 1998

Alfons Schweiggert: Erich Kästner, München 1999

Matthias Stresow: Auf den Spuren Erich Kästners in Dresden, Dresden 1999

Bildnachweis

Das Titelbild zeigt Erich Kästner zu Hause in der Flemingstraße in München, 1953

Alle Fotos von Toma Babovic, Bremen, außer:

akg-images, Berlin: Titelbild (Stefan Moses), S. 26 re.

Bildarchiv Preußischer Kulturbesitz (bpk), Berlin: S. 11, 42 (Heinrich Hoffmann), 43, 44 li., 45 re. (Fritz Eschen), 47, 62, 63, 65, 69 li. (Dietmar Katz), 81

DLA-Marbach: S. 45 li., 64 li., 70, 95 re.

Erich Kästner Kinderdorf/Bibliothek, Oberschwarzach: S. 95 li. + Mitte

Fotoarchiv Erich Kästner, RA Peter Beisler, München: S. 6, 7, 10, 13 re., 24, 25, 27, 29, 44 re., 46, 69 re., 71, 72, 73, 80. Alle Rechte vorbehalten.

Heimatsammlung, Berlin: S. 28

SLUB Dresden/Deutsche Fotothek, Henrik Ahlers: S. 12/13

SV-Bilderdienst, München: S. 68

ullstein bild, Berlin: S. 64 re. (Röhnert)

Impressum

Text und Bildlegenden: Matthias Gretzschel, Hamburg

Lektorat: Stefan Mayr, Hamburg

Gestaltung: Büro Brückner + Partner, Bremen

Lithografie: ORC – Offset-Repro im Centrum, Hamburg

Druck: Girzig + Gottschalk, Bremen

Bindung: S. R. Büge, Celle

Bibliografische Information der Deutschen Bibliothek

Die Deutsche Bibliothek verzeichnet diese Publikation in der Deutschen Nationalbibliografie; detaillierte bibliografische Daten sind im Internet über <http://dnb.ddb.de> abrufbar.

ISBN 978-3-8319-0271-2

© Ellert & Richter Verlag GmbH, Hamburg 2007